Secret of Rich

아무도 가르쳐주지 않는

부의 비밀

— 아무도 가르쳐주지 않는 —

부의 비밀

Secret of Rich

나폴레옹 힐, 데일 카네기,
스티븐 코비가 선택한 정신의 힘!

— 오리슨 S. 마든 지음 | 박별 옮김 —

🌳 나래북

부자로 사는 삶의 지혜

성공과 부는 신이 인간에게 선물한 권리이다

오리슨 스웨트 마든(1850~1924)은 『석세스』지의 창간자이며 미국의 근대 성공철학의 선구자라 불리고 있다. 그의 성공철학은 나폴레옹 힐, 클레멘트 스톤, 데일 카네기, 노먼 빈센트 필, 스티븐 코비, 브라이언 트레이시, 론다 번 등 국내에서도 잘 알려진 베스트셀러 작가들로 이어졌다.

마든은 가난과 힘든 역경을 딛고 성공을 거둔 당대 최고의 '기업가 정신'의 전도사로 대표적 인물이다. 그가 쓴 책의 중심 테마는 '옵티미즘(Optimism:낙관주의)'이다. 항상 긍정적이고 낙관적인 태도를 강조하며, 행동이나 노력보다 바른 생각이 더 중요하다고 이야기한다. 19

세기 미국에서 시작된 종교철학, 신사상을 기본으로 한 그의 전통적 자기개발론은 당시 대중들의 압도적인 지지를 받았다.

마든은 1850년에 뉴햄프셔 주 시골에서 태어나 세 살 때 어머니를, 일곱 살 때 아버지를 잃었다. 그 뒤로 10년 동안 뉴햄프셔 농장을 전전하며 닥치는 대로 잡일을 했다. 하루 종일 손에서 피가 나도록 돌을 옮기고 밤에는 손톱이 빠질 때까지 설거지와 청소를 해야 했다. 채찍질을 당하거나 두들겨 맞는 것이 다반사로 제대로 먹지도 못한 채 고된 노동에 시달려야 했다. 이렇게 십대를 벽촌에서 지내며 신문이나 잡지를 읽은 적도 없었다. 50명 이상 사람이 모인 것도 본적이 없고, 도서관이라는 존재조차 몰랐고, 도시가 어떤 곳인지도 몰랐다. 하지만 그는 독서를 각별히 사랑했다. 어느 날 한 농가의 다락방에서 발견한 한 권의 책이 그의 인생을 바꾸는 계기가 됐다. 그것은 사뮤엘 스마일즈의 『자조론』이었다. 1859년 영국에서 출판된 이 책은 비참한 환경 속에서도 강인한 인내심과 긍정적인 사고만 있다면 모든 사람이 불행을 뛰어넘어 목표를 달성할 수 있다는 내용의 일화가 소개돼 있었다.

『자조론』으로부터 많은 영향을 받은 마든은 주경야독으로 보스턴 로스쿨과 하버드 의대에서 각각 학위를 받았다. 또한 호텔과 부동산을 사들이며 기업가로서 활동하기 시작했다. 서른두 살에 경제적 성공을 거둔 마든은 "이 세상에서 뭔가 이루고자 노력하는 사람들에게 도움의 손길을 주고 그들에게 영감을 주겠다."고 생각하고 집필에 힘

썼다.

마든은 절약, 자제, 근면, 성실이라는 벤자민 플랭클린이 중시했던 가치관과 훗날 랄프 왈도 에머슨이 주장한 자아신뢰, 총명, 아름다움이라는 관념을 융합시켜 독자적인 성공철학의 틀을 다졌다.

그러나 1890년 이후 마든은 계속된 재난을 겪게 된다. 경영하던 호텔 중 한곳에서 천연두가 발생해 서부에서 진행 중이던 사업이 큰 타격을 입고, 또 다른 호텔에서는 화재로 인해 그때까지 써왔던 5000여 페이지의 원고가 잿더미로 변했다. 하지만 마든은 이에 굴하지 않고 다음 날 아침에 25센트의 싸구려 공책을 사서 처음부터 다시 원고를 작성했다고 한다. 이런 각고의 노력 끝에 완성 된 것이 1891년에 출판된 『전진만이 있다(Pushing to the Front)』이다.

가난 속에서 몇 번이고 포기하고 싶은 마음을 이겨내고 결국 성공을 거머쥔 위대한 인물들의 이야기를 정리한 이 책은 베스트셀러가 돼 각국에서 번역되어 경제적 · 정신적으로 독자들의 삶을 바꾸게 해 주었다. 수많은 독자들로부터 마음이 담긴 편지를 받은 마든은 성공을 하고 싶다고 바라는 사람을 격려하고 그들의 지침이 될 수 있도록 『석세스』지의 창간을 결심한다. 큰 성공을 거둔 사람들의 인터뷰를 실은 이 잡지는 미국 출판계에 독보적 지위를 차지하게 됐다. 마든은 1924년에 생을 마감할 때까지 이 잡지의 편집장을 역임했다.

이 책을 읽으면 아메리칸 드림의 진수를 맛보는 듯한 느낌이다. 아무리 힘든 역경 속에서 태어났더라도 마음먹기에 따라서는 부와 성공을 이룰 수 있다는 신념이 미국인들을 강하게 지탱하게 해줬다는 걸 알 수 있다. '성공과 부'는 신이 인간에게 선물한 권리이며 성공과 부를 지향하는 것은 전혀 부끄러운 일이 아니라 부정적인 시각을 긍정적으로 바꾸어야 한다는 인식의 전환을 촉구하며 마음의 문을 활짝 열어야 그 힘이 자신을 통해 실현된다고 말한다.

여기서 잊어서는 안 될 것은 그런 아메리칸 드림의 배후에는 억만장자들이 엄청난 금액을 기부하는 문화가 있다. 그는 벤자민 플랭클린의 예를 들어 부를 얻으면 사회를 위해, 이웃을 위해 쾌척하는 문화가 미국사회에는 존재한다는 것을 잊어서는 안 된다고 역설하고 있다.

그밖에도 몇 번이고 곱씹어 음미하고 싶은 함축된 말이 실려 있으므로 독자 여러분들의 삶에 있어 그의 말들이 많은 힌트가 되길 바란다.

2021 _ 옮긴이

Secret of Rich

자신의 운명을 개척하라. 생각하는 바대로 이루어진다. 꿈과 목표를 종이 위에 적고 그에 따른 행동을 취함으로써 되고자 하는 이상형에 가까이 다가갈 수 있다. 미래를 자신의 것으로 만들어라. 바로 당신의 것으로."

마크 빅터 한센

contents

CHAPTER | 02 부와 사고

CHAPTER | 03 부를 부르는 습관

"한 사람의 가치는 그가 받는 것이 아니라 그가 베푸는 것을 통해 판단해야 한다."

아인슈타인

CHAPTER 1

가난은
습관이다

원하는 대로 되기를 바란다면
먼저 무언가를 원해야 한다.

"이미 잘 알고 있는 것 이상을 시도하지 않으면 더 이상의 성장은 없다."

랄프 왈도 에머슨

가난은 마음의 병이다

당장 사고 패턴을 바꾸고, 의욕을 상실시키는 가난한 사고를
긍정의 사고로 점점 바꾸어나간다.

이솝 우화에 나오는 토끼와 거북이의 경주 이야기를 잘 알 것이다. 거북이가 토끼를 이길 수 있었던 이유는 무엇일까? 사람들은 대개 그 이유를 토끼가 방심하고 낮잠을 잔 데서 찾는다. 하지만 토끼가 아무리 낮잠을 잤다 한들 거북이가 스스로 질 거라 지레 포기하고 목표를 향해 걷지 않았다면 이길 수 있었을까? 거북이의 승리는 거북이의 마음이 만든 것이다. 거북이가 토끼와 달리기로 겨루겠다고 했을 때 어느 누구도 거북이가 이길 것이라 여기지 않았을 것이다. 하지만 거북이는 모두가 불가능하다고 여긴 일을 혼자서 가능하다고 여기면서 그 방향을 향해 한 걸음 한 걸음 느린 발걸음이나마 옮겼다. '나는 절대로 토끼를 이길 수 없을 거야' 따위의 체념은 거북이 마음에 자리 잡지 않았다. 긍정적인 마음이 우선이고 그 다음

은 실행이다.

가난한 현실보다는 가난한 생각, 즉 자신은 가난하고 앞으로도 그럴 거라는 주눅 든 생각이야말로 인생을 좀먹는 독이다. 가난한 자신의 처지에만 자꾸 눈길이 가고 이에 익숙해져 가난에서 벗어나려는 굳은 의지를 잃는다면 결국 파멸에 이르고 만다. '가난은 싫다. 질렸다. 나이가 들어서도 가난하면 어떡하지?' 라고 두려워만 한다면 진짜로 가난을 떨쳐낼 수 없다. 항상 불안에 휩싸여 있는 위축된 영혼은 자신감을 잃게 되고 역경을 딛고 일어설 힘을 잃게 되기 때문이다. 결국 자신이 걱정하는 바대로 되는 것이다.

마음은 자석과 같다. 성질이 비슷한 것을 강한 힘으로 끌어당긴다. 당신의 마음이 공포와 가난으로 가득하다면 아무리 노력해도 가난만을 불러들인다. 인간은 얼굴을 돌린 방향으로 걷는다. 언제나 가난에 얼굴을 향하고 있으면 여유로움에 다가갈 수 없다.

가난 때문에 고민하면 그 고민 끝에는 더욱더 큰 가난이 기다리는 악순환이 이어진다. 이것이야말로 최악의 가난이다.

장사가 안 된다고 언제나 한숨만 쉬고 있는 사람이 성공하는 것을 본 적이 없다. 나쁜 쪽으로만 생각하고 부정적인 말만 내뱉으면 결코 성공은 기대할 수 없다. 행운을 획득하기 위해서는 자기 자신에 대해 굳은 믿음을 가져야 한다. 자신의 꿈을 조금이라도 의심한다면 그 꿈을 손에 쥘 수 없다. 신념이야말로 부의 문을 열어줄 마법의 열쇠다.

아무리 능력이 출중한 자라도 용기를 내서 자신을 바꾸지 않는다면 재능을 발휘할 수 없고 힘든 인생을 영위하게 된다.

사업에 성공한 유능한 청년으로부터 최근 이런 이야기를 들었다. 그는 오랫동안 가난한 생활을 했었지만 어느 날 자신은 가난하게 살려고 태어난 것이 아니라 가난이라는 마음의 병을 극복하기 위해 태어났다는 것을 깨달았다. '나는 부자가 돼서 세상으로부터 인정받을 힘이 있다'라고 그는 매일 스스로에게 다짐했다. 마음속의 가난한 생각을 몰아내려 끝없이 다짐했다. 그는 원래 자린고비처럼 살며 저축을 했다. 식사는 되도록 소박하게 했고 심지어는 돈을 아끼려고 굶기도 했다. 그리고 먼 길도 걸어서 다녔다.

그러던 그가 어느 날부터 심기일전해 생활을 180도 바꿨다. 일류 레스토랑에서 식사를 하고 쾌적한 집을 사고 교양 있는 사람들과 만나 인맥을 쌓기로 결심했던 것이다. 마음이 해방되자 자신을 소중히 여기고 플러스가 되는 일은 뭐든 하게 됐다. 정신적으로도 여유로워져 모든 일이 좋은 방향으로 회전하게 됐다. 부가 흘러 들어오는 것을 막고 있던 것은 인색한 구두쇠 마음이었다는 것을 깨달았다.

좋은 환경에 살면서도 자신은 가난하고 패배자라고 한숨만 쉬며 나아갈 방향을 잘못 잡고 있는 사람들이 해야 할 일은 목표지점을 향해 확실하게 얼굴을 돌리는 것이다. 부정적 사고로 인해 꿈을 등지고 방향을 잘못 잡아서는 안 된다. 카네기 가, 록펠러 가, 반더빌트 가의 사람들은 부자가 되는 것만 생각했고 실제로 부자가 됐다. 가난과 실패는 전혀 생각하지 않았다. 부와 성공을 믿고, 성공에 대한 의심을 전혀 품지 않았다.

성공도 실패도 전부 마음속에서 발생해 그것이 결국 현실이라는 형태로 드러난다. 인색함과 편견은 돈을 끌어들이지 않는다. 혹시 돈이 모인다 할지라도 '크리스마스 캐럴'에 등장하는 수전노 스크루지처럼 자신이 누리지도 못할 푼돈을 모을 뿐이다.

낙천적인 마음은 성공을 가져다주는 전령사다. 밝은 마음은 밝은 미래를 생산하고 어두운 마음은 절망적인 현실로 자신을 인도한다. 설령 지금 당장 부와 건강, 명예를 잃는다 할지라도 자신을 믿고 끝없이 긍정적인 사고를 한다면 희망은 사라지지 않는다.

더 이상 재기할 수 없다고 생각하고 있는 당신도 모든 것이 마음에서 비롯된다는 걸 깨닫는 순간 재기는 꿈이 아닌 현실이 될 것이다. 하지만 새로운 세계를 살아가기 위해서는 먼저 새로운 세계를 믿어야 한다.

마음을 바꿈으로써 상황을 대역전시킨 한 가족이 있다. 그들은 오랫동안 역경 속에 살아왔기 때문에 성공은 불가능하다고 여기고 있었다. 가난은 운명이며, 자신들이 처해 있는 생활환경이 황폐함과 좌절의 상징이라고 굳게 믿고 있었다. 가족 전원이 서로의 궁색한 모습과 어둡고 차가운 음기로 가득한 집안을 바라보며 가슴 아파했다.

그러던 어느 날 어머니가 어떤 책에서 '가난은 마음의 병이다'라는 구절을 읽게 되었다. 그녀는 당장 사고 패턴을 바꾸기로 했다. 의욕을 상실시키는 가난한 사고를 긍정의 사고로 점점 바꾸어나갔다.

'우리라고 왜 이렇게 살아야 해? 우리도 부자가 될 수 있어. 행복해질 수 있어' 라고 어머니는 생각을 바꾸었다. 자꾸 웃는 습관을 들이고 밝은 얼굴로 사람을 대하기 시작한 어머니는 생기가 넘치기 시작했다. 이런 어머니의 모습에 남편과 아이들도 점차 감화되기 시작했다. 수염을 깎지 않은 채 지저분한 모습에 불성실한 태도로 살던 남편이 청결하고 활기찬 얼굴로 바뀌어 허리를 꼿꼿이 세우고 걷기 시작했다. 아이들도 아버지를 본받아 명랑한 본성을 되찾았다.

그런 가족에게 변화가 일어났다. 행운이 제 발로 찾아온 것이다. 아버지의 마음에 희망과 용기가 움트기 시작하면서 업무 능률이 올라가 회사에서의 지위도 올라갔다. 아이들에게도 똑같은 변화가 일어났다. 희망과 용기 덕분에 무슨 일을 하든 재밌고 기운도 났다. 그렇게 2, 3년이 지나는 동안 변화는 가족 전원에게 미치고 결국 집안 전체는 희망 찬 분위기로 가득 찼다.

목표가 있다면 먼저 그 목표를 향해 얼굴을 돌리고 활짝 웃어야 한다. 기름진 땅에서 자란 나무에 열매가 열리듯 여유로운 마음 밭에 풍요로운 현실이 찾아온다.

당대의 명배우가 자신을 위해 쓰인 시나리오를 가지고 무대에서 연기하는 모습을 상상해보길 바란다. 열정적이고 무슨 일에든 적극적인 이 인물은 그 자리에 있는 것만으로도 주변을 압도한다. 그런데 그것을 연기하는 배우가 초라한 복장에 아무런 야심도 없고, 전혀 무기력한 모습으로 무대를 배회하면서 그야말로 '내게는 불가능해. 손이 닿지 않는 희망이야. 다른 사람은 몰라도 나는 부자가 될 수 없어. 그런 대단한 사람이 된다는 건 내게 그림의 떡이야' 라고 중

얼거린다면 어떨까? 관객은 어떻게 생각할까? 돈 버는 능력이 있다는 인상을 줄 수 있을까? 오히려 패배자에 아무것도 이룰 수 없을 사람으로 보여 비웃음만 사게 될 것이다.

가난만 이야기하고, 가난만 생각하고, 가난하게 살면서 낙오자와 같은 모습을 하고 있다면 대체 언제 성공이라는 목표에 도달할 수 있겠는가?

손에 넣고자 하는 목표에 대해 어떤 마음가짐을 하는지가 모든 걸 결정한다. 부자가 되고 싶다면 자신은 부자가 돼 행복해야 할 사람이라고 믿어라. 자신의 사고를 컨트롤해 지배할 수 있다면 모든 것이 생각대로 움직일 것이다. 수많은 사람들은 실망, 공포, 의심, 불안이라는 바이러스에 감염되어 부와 행복을 파괴하고 있다.

가난한 사람들이 어둡고 절망적인 환경에서 등을 돌리고 밝고 쾌활한 환경에 눈길을 돌리고 가난과 처참한 생활과 인연을 끊겠다고 결심한다면 인류에게는 혁명적인 변화가 일어날 것이다.

사람들에게 어릴 적부터 부자가 될 것이라 기대하고 자신은 세상에 은혜를 받기 위해 태어났다고 믿도록 가르쳐야 한다. 부는 무엇보다 마음의 산물이다. 사고를 통해 현실화된다. 의사가 되고 싶다면 의학에 대해 말하고, 의학서적을 읽고, 의학을 공부하고, 의학적 사고를 해 의학에 완전히 심취한다. 의사가 되고 싶다면서 법률에 심취하는 사람은 없다.

마찬가지로 성공해서 부를 얻고자 한다면 성공에 대해 생각하고, 행동하고, 말하라. 그리고 부에 대해 사고하고, 행동하고, 말해야 한다. 결코 역경과 가난에 끌려 다니거나 떠밀려서는 안 된다. 자신은 상황을 받아들이는 입장이 아니라 상황을 바꾸는 사람이라고 믿자.

이 세상에는 모든 사람에게 돌아가고도 남을 행복의 총량이 있다. 자신이 그 은혜를 받는다고 해서 다른 사람 몫이 줄어드는 것도 아니고 양보한다고 해서 아껴지는 것도 아니다.

사람들은 원래 가난과 아무런 인연 없이 태어난다. 인간이라는 이 멋진 존재를 탐구해보면 가난한 생활과 걸맞는 것은 하나도 발견할 수 없다. 신은 인간을 크고 위대한 존재로 창조했다. 생활에 쫓겨 자유롭지 않고 역경에 시달리는 한 자신의 최고 능력을 발휘할 수 없다. 늑대에게 쫓겨 다니는 양처럼 가난한 마음에 쫓겨서는 자립할 수 없다.

가난은 스스로 선택한 행복한 청빈과는 차원이 다르다. 생활에 고통을 주는 가난은 결국 그 사람의 세상을 좁게 하고, 마음을 약하게 하며, 야심을 잃게 한다. 얼마나 무서운 일인가? 그렇게 된다면 희망도, 미래도, 기쁨도 없다.

가난 속에서 훌륭한 인물이 되기는 어렵다. 자존심과 자신감을 잃게 돼 세상을 향해 당당하게 얼굴을 들지 못 하게 된다. 물론 그 속에서도 자존심을 잃지 않는 고결한 사람도 있다. 그들은 가난뿐만 아니라 세상 모든 고통으로부터 초월해 영원히 사람들의 기억에 남게 되지만 대개의 사람은 가난 때문에 밑바닥까지 떨어지는 경우가 허다하다.

가난은 재난이다. 성자와 같은 마음으로 세속을 초월한 청빈 정신과 가난에서 헤어나지 못할 거라는 체념으로 어쩔 수 없이 이를 받아들이는 가난함은 명백히 다르다는 걸 알아야 한다. 겉멋으로만 청빈을 우러러보는 사람일수록 가난이 얼마나 고통스러운지 모른다.

젊은 사람들은 가난의 고통을 뼛속 깊이 새기길 바란다. 가난이 얼마나 부자유스럽고 고통스러운지, 얼마나 사람을 작게 만들어버리는지 깨닫기 바란다.

물론 병이나 불가항력적인 재난 등 어쩔 수 없는 사정으로 가난해진 사람은 동정해야 한다. 우리가 비난하고자 하는 건 태만과 착각 등으로 막으려면 얼마든지 막을 수 있는 가난을 자초한 사람들이다.

문제는 가난으로 고통 받는 대다수가 가난에서 벗어나는 것을 불가능하다고 여긴다는 것이다. 가난한 사람에게 기회는 없고, 자본의 집중화로 압도적 다수의 사람들이 타인에게 고용되는 것이 당연하다고 여기거나 부자들은 욕심이 많다고 푸념을 하며 역경을 뛰어넘지 못하고 차츰 의욕을 상실하게 된다.

분명 냉혹하고 욕심이 많은 부자가 많으며 정치가와 부자가 결탁해 혹세무민惑世誣民의 상황이 일어나고 있는 것도 사실이다. 그럼에도 불구하고 주변을 둘러보면 거북이가 토끼를 이기듯 역경을 뚫고 일어선 사람이 많다. 그 사람이 내가 되지 말란 법은 없다.

가난한 생각과 완전히 인연을 끊자. 복장과 겉모습, 행동, 말까지 모든 가난한 사고와 행동을 없애버리자. 밝은 미래만을 생각하고, 무슨 일이 일어나도 동요하지 않겠다고 결심하는 순간 놀랄 만한 활력과 자신감이 흘러넘칠 것이다.

가지고 있는 능력을 최대한 발휘해 최고로 치장하고, 고개를 숙이지 말고 위를 바라보며, 불평불만만 토로하지 말고 당당하게 세상을 향해 고개를 드는 순간부터 새로운 힘이 혈관을 내달리며 흥분을 맛보게 될 것이다.

풀이 죽어 뭘 해도 안 될 것이라고 생각한다면 이런 실험을 해보자. 그 자리에서 방향을 바꿔 시점을 바꾸어 보는 것이다. 희망의 상징인 태양을 향해 얼굴을 돌려보자. 그러면 어두운 그림자는 모두 당신 뒤로 가게 될 것이다.

가난한 사고와 의심의 악순환을 끊자. 마음의 벽에서 어둡고 무거운 그림을 떼어내고 밝고 희망찬 그림을 걸자.

수많은 선배와 동료들이 사고의 힘으로 가난에서 벗어났다. 끝없이 생각하고 열심히 노력해서 현실로 이루어냈다. 그들은 위대한 원리를 알고 있기 때문이다.

스스로를 구속하지 마라

아무리 뛰어난 능력을 가지고 있더라도 이렇게 자신을 속박하고,
하찮은 일밖에 할 수 없다면 아무런 의미가 없다.

샐러리맨을 대상으로 한 설문 조사에서 "당신에게 지금 수백만 달러의 돈이 생긴다면 그 돈으로 가장 먼저 사고 싶은 건 무엇입니까?"라는 질문에 응답자의 대다수는 "자유"라고 답했다. 돈으로 살 수 있는 건 비단 물질만이 아니다. 자유, 풍족한 마음, 배려심 등 눈에 보이지 않는 무형의 재물이야말로 돈으로 살 수 있는 가장 값진 것일 터다. 이를 거꾸로 해석하자면, 현대인은 대부분 돈으로 인해 자유를 속박당하며 살고 있다.

장래가 밝고 우수한 인재가 잘못된 투자나 빚처럼 스스로가 만들어낸 속박 때문에 안타깝게도 실력을 발휘하지 못한 채 이루지 못한 꿈에 얽매여 있는 모습만큼 슬픈 일이 또 있을까? 왕처럼 인생을 스스로 선택하지도 못하고, 노예처럼 '족쇄'를 차고 빚에 쫓기고 있다.

자유롭다는 것, 훌륭한 사람이 되는 걸 막는 모든 것을 끌어안고 있지 말아야 한다. 제아무리 스스로 원한 일일지라도 그런 속박은 스스로에게 있어 감옥이다. 건전한 정신을 가지고, 밝은 마음으로, 오체도 오감도 속박당하지 않는다면 자금이 모자라도, 아니면 전혀 없더라도 위대한 업적을 이룰 수 있다. 하지만 빚에 억눌려 행동의 자유를 빼앗기고, 쫓기게 된다면 할 수 있는 일이 거의 없다. 그렇게 된다면 이미 자유인이라 부를 수 없다. 노예에 불과하다.

중년이 되어서도 자신과 동등한, 혹은 자신보다 능력이 낮은 사람의 심부름꾼 노릇을 하는 사람이 수도 없이 많다. 솔직하고 선량한 사람이지만 짊어질 수 없을 만큼 무거운 짐의 무게에 눌리며 필사적으로 일해서 겨우 생계를 꾸려나가는 사람이 많다. 그런 속박이 없다면 위업을 달성할지도 모를 그들에게 행운의 길은 닫혀 있다. 왜냐하면 기회가 주어지더라도 여기저기 속박에 얽매여 그 기회를 잡고 실현시킬 자유가 없기 때문이다. 약간의 계획성만 있다면 쉽게 처리할 수 있는 일도 스스로 쳐놓은 굴레에 얽혀 허우적거리곤 한다. 무슨 일을 하더라도 돈을 잘못 써서 큰 손실을 입거나 빚으로 손발이 꽁꽁 묶인 상태가 되기 십상이다. 그들은 가고 싶은 곳에 가지 못한 채, 가지 않으면 안 되는 길밖에 갈 수 없다. 나아가는 것이 아니라 떠밀리게 되고, 노력하는 것이 아니라 강제 노역을 하게 되는 것이다. 스스로 선택하는 것이 아니라 어쩔 수 없는 사정에 휘둘리게 되는 것이다.

나는 그런 희생자를 한 사람 알고 있다. 수입은 넉넉하지만 그 절반을 빚을 갚는 데 썼다. 젊었을 때 어리석은 투자를 해서 재산을 다 날리고 거액의 빚을 떠안고 3개월마다 변제를 해야 했기 때문이다. 빚에서 해방되는 방법은 파산신청밖에 없지만 그건 자존심이 허락하지 않는다. 현재 50살로 아들과 딸이 몇 명 있지만 만족스럽게 교육을 시키지 못했다. 풍요롭고 행복한 가정도, 마음의 평온도, 좀처럼 줄지 않는 빚 때문에 달성할 수 없는 신기루일 뿐이다. 병이 걸리거나 사고라도 나면 어쩌나, 아내에게 부담을 주면 어떡하나, 끝없이 불안에 시달리며 살고 있다.

그렇게 의욕을 상실하다 보니 원래 적극적이고 쾌활하던 성격도 시간이 갈수록 비뚤어지고 비관적인 인간으로 바뀌어갔다. 젊었을 때 저지른 투자 실패에서 아직까지 해방되지 못한 채 끝없이 일만 해야 하는 단조로운 일상이 그의 정신까지 완전히 빛을 잃게 하고 말았다. 이미 자신과 가족을 먹여 살리는 것 이외에 아무런 희망도 없었다.

어떡해서든 돈을 벌어야 한다는 일그러진 욕망은 전쟁이나 병보다 파괴적이다. 시카고 상공회의소의 회원들의 말에 의하면 미국인은 일확천금을 바라며 투자에 매년 몇 천만 달러를 쏟아 붓고 있다고 한다. 사기꾼들은 당신한테만 비밀이라는 식으로 교묘하게 덫을 놔 돈을 빼앗아 간다. 수많은 사람이 재산을 탕진하고 허탈한 눈물을 삼키며 굴욕을 맛본다. 적은 돈으로 일확천금이 꿈이 아니라고 믿고 사기꾼의 사탕발림에 놀아나 더 이상 출세도, 꿈의 실현도 불가능하게 됐기 때문이다.

일확천금을 노리는 투기 붐은 더욱더 퍼져나가고 있다. 여성들까지 몰래 브로커를 찾아가 적금을 해약하고, 보석과 결혼 예물까지 처분하고, 빚까지 져가면서 여기저기에 투자를 하고 있다. 몰래 엄청난 돈을 벌어 깜짝 놀라게 할 생각이었지만 큰 손실을 입고 만다.

자기 자신과 자신의 재산에 족쇄를 채워서는 안 된다. 아무리 매력적인 기회처럼 보여도 저금을 전부 털어 넣어서는 안 된다. 중요한 돈을 투자하고자 한다면 먼저 확실하게 사전 조사를 해야 한다. "이게 마지막 기회다.", "이 기회를 놓치면 평생 후회할 거야."라는 꼬임에 넘어가서는 안 된다. 납득할 수 있을 때까지 투자를 하지 않는다고 맹세하라. 지금 그 기회를 놓치더라도 기회는 얼마든지 있다. 어떤 거래를 하더라도 손을 대기 전에 확실하게 조사를 하는 습관이 몸에 밴다면 행복도, 재산도, 미래도 지킬 수 있다. 세상 사람들이 말하는 성공을 원하는 사람도 사기꾼의 음흉한 손길에 걸려들기 쉽다. 그리고 깨달았을 때는 이미 빚이 숨통을 조여와 처참한 상황에 놓이게 된다.

돈이 없다는 건 굴욕적이다. 자신의 노력을 나타내주는 것이 약간의 명성과 실적밖에 없다면 허무할 것이다. 그나마 그것조차도 없다면 스스로 무기력하게 느끼게 되고 남들도 똑같이 바라볼 것이라고 생각하게 된다.

아무리 뛰어난 능력을 가지고 있더라도 이렇게 자신을 속박하고, 하찮은 일밖에 할 수 없다면 아무런 의미가 없을 것이다. 능력은 평범하더라도 항상 강한 의지로 하고 싶은 일을 해낼 수 있는 자유가 있다면 아무것도 할 수 없는 천재보다 훨씬 나을 것이다.

끝없이 위를 바라볼 수 있는 자유를 소중하게 여겨라. 금전적으로도, 사회적으로도, 도덕적으로도, 자신을 속박하지 마라. 족쇄가 될 빚을 지지 마라. 인간으로서 자립할 수 있다면 당당히 세상을 향해 얼굴을 들 수 있다. 엎드려 용서를 빌어야 하는 상황에 자신을 내몰아서는 안 된다.

무슨 일이 있더라도 자유를 지켜라.

금전 관리의 능력을 키워라

> 살기 위해서는 먹지 않으면 안 되는 것처럼, 돈을 지키려면
> 정보와 지식은 필수적으로 갖추고 살아야 한다.

뉴욕의 유명한 베테랑 변호사의 말에 의하면 자신이 벌었거나, 부모로부터 상속 받은 엄청난 재산을 가지고 있는 사람의 99퍼센트는 언젠가 재산을 다 잃게 된다고 한다.

많은 선량한 미국인이 노후 대비를 위해 즐거움과 풍요로움을 뒤로한 채 열심히 일하고 있음에도 불구하고 노후에 그리 많은 재산을 갖지 못한다. 집을 살 엄두조차 못 낸 채, 질병이나 노환 등에 아무런 대비도 못한다. 믿기 힘들겠지만 의지가 강하고, 건강한 몸에, 사회적으로 성공한 사람들 중에서도 어리석은 투자를 해 돈을 날린 경우도 많이 있다.

미국에서는 상술에 무지한 많은 사람들 덕분에 거대한 부를 축적하고, 지금도 여전히 축적하고 있는 사람들이 있다. 무방비 상태인 사람이 쉽게 속아 넘어간다는 걸 교묘히 이용하는 사기꾼들은 사람

들의 무지를 이용해 막대한 재산을 불리고 있다. 해괴한 광고 전략을 통해 교묘한 문구로 최면을 걸어 간단하게 사람들의 소중한 저금을 다 털어 자신들의 금고에 차곡차곡 쌓는다.

가정을 지키고, 재산을 지키고, 마음의 평온과 자존심을 지키기 위해서는 무엇보다도 확실한 금전 감각을 어릴 때부터 배양해야 한다. 그렇게 하면 좌절과 굴욕, 아내에게 큰돈을 날려버렸다고 고백해야 하는 비참함을 맛보지 않아도 된다. 지금보다 작은 집으로 이사해야 하는 허무함을 맛보고, 나약한 의지와 선견지명이 없음을 후회하고, 사기꾼의 봉이 되는 것을 막을 수 있다.

한때는 자신의 회사를 경영했던 사람들이 지금은 직원이나 점원이 돼서 남의 명령을 받고 있다. 투기에 손을 대 재산을 다 날려버렸기 때문이다. 가정이 있으니 혈기왕성했던 젊은 시절의 모험은 할 수 없다. 때문에 이루지 못한 꿈을 품은 채 평범한 일에 만족하고 있다.

윤택한 삶을 영위하던 사람이 합의사항을 문서화하는 걸 게을리한 탓에, 혹은 업무상 착오 때문에, 지금은 비참하고 궁핍하게 사는 경우가 있다. 확실하게 계약서를 쓰지 않고 친구나 친척을 믿어버려 모든 걸 다 빼앗긴 채 집에서 쫓겨난 사람도 있다.

거래는 반드시 문서화 할 것. 계약서를 쓰는 시간이나 비용은 아주 작은 것이다. 상대가 아무리 정직한 사람일지라도 모든 걸 기억하고 있다고 단정할 수는 없다. 오해는 쉽게 생긴다. 중요한 계약을 말로만 한다는 것은 너무 위험한 일이다. 관계자 전원이 합의를 했다면 정확한 글귀로 문서를 작성하라. 이렇게 된다면 소송이 걸리더라도 복잡할 게 하나도 없다. 문서로 작성하지 않아 우정에 금이 가는 경우가 얼마나 많은가? 그로 인해 수도 없이 재판이 벌어지고 변호사의 주머니만 채워주고 있는 것이다.

계약서를 작성하면, 특히 친구나 친척들이 불쾌해하지 않을까? 하고 걱정하는 사람도 있다. 하지만 이것은 상대가 정직하거나, 신뢰할 수 있다는 문제와 관계없다. 그것은 비즈니스이며 비즈니스에는 비즈니스의 룰이 있다. 적절히 대비를 해두면 당사자가 갑작스럽게 죽더라도 오해와 분쟁을 막을 수 있게 된다.

대학을 막 졸업한 젊은이들은 상식을 포함해 이론과 지식으로 중무장하고 있다. 하지만 단물을 빼먹으려 다가오는 사기꾼들에게는 무방비다. 따라서 학교교육, 특히 고등교육에서는 실전적인 금융 지식을 졸업 조건으로 삼아야 할 것이다. 부모가 자식에게 일반적인 금융, 투자의 원리를 가르치지 않은 채 사회에 내보내는 것은 그야말로 위험한 처사라 할 수 있다.

돈에 대해서는 잘 모르고 알고 싶지도 않다는 젊은 여성의 이야기를 들은 적이 있다. 그녀는 경제에 관한 이야기를 싫어한다고 했다. 비즈니스는 남자들의 일로 자신은 알 필요가 없다고 생각하는 여성이 많다.

하지만 나는 비즈니스에 관한 지식이 없어 전 재산을 다 날린 여성도 알고 있다. 그녀는 비즈니스의 '비' 자도 몰랐다. 남편이 죽으며 막대한 재산을 남겨줬지만, 변호사가 내미는 문서를 전혀 읽지도 않고 사인을 했다. 재산을 관리하고 있던 사람들은 그녀의 무지를 이용해 재산을 빼내기 시작했고 그녀에게는 소유권을 돌려받기 위한 재판 비용조차 남아 있지 않았다.

최근 한 재판에 패소한 여성의 이야기를 읽은 적이 있는데 그 뒤로 새로운 증거가 제출돼 판결이 뒤집어진 일이 있다. 여성이 위증을 했다는 증거가 분명했기 때문이다. 그녀는 재판에서 한 서류에 사인을 하지 않았다고 증언했다. 전혀 나쁜 뜻을 품은 건 아니다. 하지만 문제의 서류가 증거로 제출되고 보니 그 서류에는 당사자의 사인이 있어 본인도 깜짝 놀랐다. 그리고 그것이 자신의 사인이라는 걸 인정했다. 아무래도 남편 살아생전 그녀는 서류의 내용도 확인하지 않은 채 남편의 지시에 따라 사인을 한 것 같았다.

변호사나 중개인을 법정 대리인으로 지정하고 후회하는 사람도 많다. 법정 대리인이 되면 당신을 대신해 재산을 마음대로 처분할 수 있는 권리가 생긴다. 당신 대신 사인하고, 당신 대신 의무를 지고, 은행에서 돈을 찾고, 비즈니스 상의 거래를 할 수 있다. 법정 대리인의 권한을 위임할 때는 아모쪼록 주의해야 한다. 절대로 신뢰할 수 있는 사람, 타인의 재산을 다루는 데 풍부한 지식과 경험을 가진 사람을 선택해야 한다.

"서류에 사인하고 변호사에게 법정 대리인 자격을 위임하고 외국에 나갔다 돌아와 보니 아무것도 남은 게 없었다." 이것은 전 재산을 날린 어떤 남성에게 들은 실화다.

사람들의 무지를 파고드는 사기꾼은 얼마든지 있다. 모든 사람이 돈에 대해 확실하게 공부한다면 그들의 일거리는 없어지게 될 것이다.

놀랍게도 전문직에 종사하는 사람들 중에도 금융 지식이 부족한 사람이 적지 않다. 수많은 성직자, 저널리스트, 예술가, 의사, 교사 등은 비즈니스에 어두워 궁지에 몰리곤 한다. 그중에는 아주 초보적인 비즈니스 문서의 의미조차 모르는 사람도 있다.

돈을 버는 것보다 돈을 모으고 현명하게 투자하는 것이 훨씬 어렵다. 과학적인 투자 방법에 능통한 전문가들조차 벌어들인 돈을 손해 없이 관리하는 것이 쉽지 않다고 하니 훈련을 거의 받지 않은 우리는 과연 어떨까?

돈의 활용법을 가르쳐주는 건전한 매너 교육만큼 실생활에 도움이 되는 것은 없다. 어떤 일이든 자신의 길에서 성공하기 위해서는 전문 기술만큼이나 매너에 관한 지식을 갖추어야 한다.

다시 말해 어떤 일을 하든 일단 비즈니스맨이 되는 것이 첫째다. 그렇지 않으면 항상 손해를 보게 된다. 살기 위해서는 먹지 않으면 안 되는 것처럼, 돈을 지키려면 정보와 지식은 필수적으로 갖추고 살아야 한다.

인생에 성공하기 위해서는 금전 관리 능력이라는 발판이 필요한 것이다.

가난에 얽매여 현재를
놓쳐버려서는 안 된다

스스로의 환경을 바꾸기 위해서는 먼저 사고를 바꾸지 않으면 안 된다.
무엇을 하더라도 선행되는 것은 사고다.

아무리 노력해도 가난을 벗어날 수 없다는 사고 습관은 사람을 무기력하게 만든다. 일정 기간 특정 상황에 익숙해지다 보면 그것이 생활의 일부가 돼버린다. 가난한 환경에 익숙해져 가난이 당연한 것으로 여기게 되면 가난에서 벗어나기 위한 행동도 할 수 없다.

가난한 사고를 계속 가지고 있는 한 가난으로 향하게 된다. 아무리 노력하더라고 가난한 사고를 가슴속에 품고 있으면 바라는 것들이 점점 멀어져버린다. 엉겅퀴 씨앗을 뿌리면 보리를 수확할 수 없듯이 절망과 체념만 마음에 뿌리면 가난만 주렁주렁 열리지 성공과 부의 열매를 맺을 수 없다.

어떤 사람은 말한다. 가난의 나락에 떨어지는 것은 가난한 사고로 인해 가난을 끌어들이기 때문이라고. 이 문제를 오랫동안 연구하고 관찰해온 나는 '인생에 좌절하는 사람은 처음부터 좌절을 예상하고 있다'는 법칙에 도달했다. 이런 사람은 가난해지는 걸 두려워한 나머지 부의 흐름을 막아버린다. 행복과 부를 잡기 위해 쓸 소중한 에너지를 최악의 사태를 예상하고 두려워해 그것을 방지하는 데 써버리고 만다. 그리고 앞서 말한 법칙에 따라 두려워했던 결과를 스스로 초래하고 만다.

모든 전쟁은 전쟁에 대해서만 생각하고, 전쟁에 대해서만 이야기하고, 전쟁을 예상하고, 준비함으로써 일어난다. 모든 나라가 평화를 이야기하고, 평화를 생각하고, 평화를 예상한다면, 평화가 이어져 전쟁은 일어나지 않을 것이다.

마찬가지로 가난을 이야기하고, 가난을 생각하고, 가난을 예상하고, 가난에 대비하면 정말로 가난해진다. 가난을 준비하는 것이 가난의 조건을 충족시키고 마는 것이다. 사람들은 끝없이 예상하면서 예상한 상태를 초래한다. 가난을 생각하고, 자신을 의심하고, 절망적 사고 회로에 빠지게 되면 아무리 노력해도 스스로 만들어낸 사고의 흐름에서 벗어날 수 없게 된다.

모든 곳에서 사람들이 성공을 향해 분투하고 있다. 그런데 조금이라도 나은 생활을 위해 아침부터 밤까지 열심히 일하면서도 자신이 부자가 될 수 있다는 상상을 하지 않고 그 희망조차 품지 않는다. 자신들이 열심히 구하고자 하는 것을 구할 수 있다고 믿지 않는다.

내가 아는 한 여성은 가난을 벗어나지 못하는 전형적인 표본과도 같다. 그녀는 항상 자신에게는 생활을 윤택하게 할 만한 능력이 없다고 말한다. 부자인 친구가 이것저것 조언을 해주어도 그녀는 이렇게 대답할 뿐이다. "당신은 부자라 쉽게 말하지만 내게는 무리야. 옛날부터 가난했고, 앞으로도 마찬가지일 거야. 내 능력으로는 생활에 필요한 최소한의 것밖에 살 수 없고 그걸로 충분해. 가끔은 나나 아이들이 사치를 좀 해도 좋지 않을까 하는 생각도 하지만, 그건 낭비야. 만일을 대비해서 저축하지 않으면 안 돼."

물론 만일을 대비해 저축하는 것을 반대하지 않는다. 노후 대비를 위해 사치하지 않고 저축을 한다는 것은 훌륭한 일이다. 하지만 젊어서부터 절약만 하고 스스로를 조금도 즐겁게 하지 않는다면 자기 스스로 속박하는 게 습관이 돼 나중에 여유가 생기더라도 평생그 생활에서 벗어나지 못한다.

이 여성도 항상 가난을 두려워해 번 돈 모두를 저축해야 한다고 믿었다. 이것은 부의 흐름을 막고 있는 것이다. 자신에 대해서도, 타인에 대해서도, 가난하기 때문에 원하는 걸 평생 손에 넣을 수 없다고 단정 짓고 자신과 아이들의 인생을 윤택함과 거리가 멀게 만들어 버렸다. 가난에 안주하고, 자유롭지 못한 생활에 익숙해져 그곳에서 벗어나려는 노력을 포기해버린 전형적인 예이다. 이런 사람들은 창조적 사고와 적극적 사고를 가지려는 생각은 애당초 하지 않는다. 부정적이고 파멸적인 사고를 하면서 실제로 그런 나날을 살아가고 있다.

이런 사람들은 뭐든지 "그건 내가 누릴 만한 게 아니다."라고 한

다. 아이들을 대학에 넣는 것도, 최소한의 겉치장도, 휴가를 내는 것
도 "내가 누릴 만한 게 아니다." 왜냐하면 작은 유흥이나 축하를 할
때마다 망령처럼 '만일의 경우'가 떠오르기 때문이다. 따라서 항상
내년으로 연기해버리고 만다.

그런 '내년'은 결코 찾아오지 않는다. 아이들이 영원히 대학에 가
지 못하고, 필요한 휴가도 내지 못한다. 내년이 오면 또 그 다음 해
를 위해 조금이라도 저금을 늘리려고만 하기 때문이다.

다음 해에도, 그리고 그 다음 해에도 이렇게 끝없이 금욕하는 사
람을 많이 알고 있다. 그들은 즐거움만을 포기하는 게 아니라 꼭 필
요한 것조차 참아버린다. 그들의 일생은 '만일'의 연속이며 스스로
저축의 구실을 만들고 있다는 사실을 깨닫지 못하고 있다.

항상 최악을 예상하고 금욕을 위해 노력한 결과는 어떨까? 그것
을 말해주는 놀라운 예들을 가끔 신문에서 발견할 수 있다. 최근 뉴
욕신문에 실린 "슬럼가 노파의 외로운 죽음"이란 기사가 그 대표적
예이다. 노파가 비참한 환경에서 살았기 때문에 한 푼도 없을 것이
라고 생각했지만 조사해보니 현금과 은행 저축을 합치면 만 달러에
가까운 돈을 가지고 있었다는 사실이 밝혀졌다.

마음의 병 때문에 빈곤으로 내몰린 이 불쌍한 여성은 이 풍요로
운 사회의 한 가운데서 굶어 죽었다. 그녀는 필요한 물건을 사는 것
조차 생각하지 못하고 오로지 저축만 하였다. 아무도 자신의 방에
들이지 않은 채, 유쾌하고 즐거운 생활을 하며 좀 더 오래 살기 위
해 써야 했을 돈을 남긴 채 아무도 모르는 사이 고독하게 죽고 만

것이다.

"하지만 아무것도 하지 않으면 어떻게 돈이 들어오나? 집세와 대출금은 어떻게 내야 하나? 돈이 준비되지 않으면 우리는 어떻게 되나? 아이들의 옷은 어떻게 하나? 생필품은 어떻게 사나? 일이 없어지면 어떡하나?" 수많은 사람이 이런 질문을 반복한다. 가난이라는 병의 심각함이 여기에서도 드러난다.

사랑하는 사람에게 유쾌한 생활을 보장하지 못하면 어떡할까 하는 막연한 두려움. 가난에 대한 이런 공포심만큼 인간을 불안하고 초조하게 하는 건 없다. 이렇게 우리는 행운을 끌어들이는 자력을 잃고 원하는 것에서 멀어져 두려워하던 것들을 초래하고 만다.

부정적인 상상에 생각을 집중시킴으로써 당신은 무의식적으로 그걸 현실로 만들어내고 있다. 늘 가난을 두려워하고, 불행을 두려워하고, 일을 실패하거나 경기가 나빠지는 걱정, 라이벌에게 뒤쳐지는 것만을 걱정하고 있으면 문제는 더욱더 심각해진다.

결코 풍요롭지 않은, 유쾌한 생활을 영위하는 것조차 포기하고 있는 사람이 많다. 빈곤과 고난만을 예상하고 그런 사태를 예상함으로써 바람직하지 않은 상황을 초래하는 자력을 몸에 지니고 있다는 것을 깨닫지 못한다.

어느 날 출세를 하지 못하고 있던 청년이 상담을 하러 왔다. 그는 내게 "열심히 노력하고 있지만 왠지 길이 열리지 않아요. 겨우 생활할 정도예요. 뭘 해도 제대로 되지 않고, 운명의 여신에게 버림 받고 이름조차 남기지 못한 채 가난하게 살아가는 게 숙명일까요?"라고 털어놓았다. 그는 이어 말했다. "집안 내력일지도 몰라요. 아버지도 열심히 일하셨지만 결국 가난에서 벗어나지 못했죠. 저도 같은 삶을 살아가야하는 걸까요?"

마찬가지 고민을 털어놓은 중년 남성은 인간 사회의 불평등을 한탄하고, 자신은 운이 없다며 자신의 운명을 저주했다. "아침부터 밤까지 일하고, 휴일에도 일하고, 몇 년 동안 휴가도 내지 않았어요. 어릴 때부터 성공을 꿈꾸며 열심히 노력했는데 쉰 살이 넘었지만 무엇 하나 성공을 거두지 못했지요. 꾹 참고 노력해도 성공하지 못하는 것은 사회에 문제가 있기 때문이 아닐까요?"

그의 교육 수준을 물어보자 천직이라 여기는 일에 관한 전문적 훈련을 받았다고 했다. 아버지도 열심히 일했지만 성공하지 못해 결국 자신들은 성공과 인연이 없다고 여기며 전문교육을 위해 할애한 시간이 허사라고 했다.

이 두 사람은 항상 가난과 실패에 마음이 향해 있었고 그로 인해 초래된 결과를 한탄하는 전형적인 예이다. 사고가 현실을 인도한다는 법칙으로 본다면 그들에게는 가난과 실패만 찾아오게 돼 있다. 두 사람 다 성공과 부를 바라면서 항상 그 반대 사태를 머릿속으로 그리고 있기 때문이다. 결국 특별한 목표 없이 노예처럼 일하며 자신은 그 정도밖에 안 된다고 생각하고 재능을 썩히고 있는 것이다. 성공은 운이며 태어날 때부터 주어진 권리, 노력에 대한 보상이라는 생각을 하지 못하는 것이다.

원하는 대로 되기를 바란다면 먼저 무언가를 원해야 한다. 아무것도 구체적으로 원하는 게 없으면서 제 뜻대로 되지 않는다고 푸념하는 것만큼 어리석은 일은 없다. 마치 복권조차 사놓지 않고 복권에 당첨되지 않는다고 한탄하는 것과 같다. 자신의 능력에 맞는 소망과 신념을 품는 것이 우선이다. 성공한 자기의 모습을 머릿속에 계속해서 그리면 자기도 모르는 새에 그런 모습에 가까운 행동과 말을 하게 되고 그런 마음가짐에는 가난한 마음이 스며들 틈이 없다. 빛을 바라보는 사람은 그림자를 의식하지 못하듯이 자신도 모르는 사이에 점점 더 가난한 현실에서 벗어나게 되는 것이다.

자신은 시험에 약하다고 생각하는 학생이 있다. 실제로 그는 항상 시험에 실패를 했다. 능력이 없는 것도 공부가 부족한 것도 아니지만 시험을 망칠 거라는 걱정이 그를 사로잡아 시험이 닥치면 실제로 망치게 되었다. 그는 평생 이것을 반복해왔다.

어떤 세상에도, 어떤 업종에서도 실력과 노력은 일류지만 자신은 성공할 수 있다고 믿지 않는 사람이 있다. 안타깝게도 그들은 매일매일 각고의 노력을 하면서도 돌아봐야 할 방향을 착각하고 있다.

어릴 때부터 가난한 사고를 주입당하는 사람이 많다. 가난을 호흡하며 자라고, 끝없이 가난을 한탄하는 소리를 듣고, 가난에 관한 말만 익히게 된다. 아버지도 어머니도 역경을 탄식하며 가난한 삶을 저주하며 가난 속에 죽어간다. 이런 환경에서 자란다면 가난이 습관이 돼 쉽게 벗어날 수 없다.

언젠가 대학에 가길 꿈꾸고, 그날을 상상하고, 꿈이 반드시 실현될 것이라 믿는 아이와 마찬가지로 대학 진학을 바라면서도 지금의 생활에서 벗어날 리 만무하다고 처음부터 포기하는 아이와는 마음가짐과 표정이 완전히 다르다.

스스로의 환경을 바꾸기 위해서는 먼저 사고를 바꾸지 않으면 안 된다. 무엇을 하더라도 선행되는 것은 사고다. 대학에 갈 수 없다고 단정 지은 아이는 실제로 대학에 갈 수 없고, 평생 가난할 것이다. 남들은 가난에서 벗어날 수 있지만 자신은 불가능하다고 믿고 있는 수많은 사람은 실제로 풍요로운 삶을 손에 넣을 수 없다.

어느 날 한 남성이 "사치는 나에게 맞지 않는다."며 찾아왔다. 그는 지금까지 줄곧 가난했기 때문에 지금보다 나은 삶은 꿈꾸지 않는다며 생활보호대상자가 되지 않고 가족의 생계가 가능하면 충분하다고 생각하고 있었다.

이 사람이 가난에서 벗어나지 못하는 이유는 게을러서가 아니다. 누구보다도 열심히 일하면서도 "하루하루 입에 풀칠만 하면 다행이다."라고 생각하기 때문에 최소한의 수입밖에 벌지 못하는 것이다. 그런 악순환에서 탈출하려는 생각조차 할 수 없을 만큼 가난에 얽매여 있는 것은 가난한 사고에 중독돼 있기 때문이다. 이렇게 오랫동안 어두운 인생을 영위하며 건강과 부에서 멀어져버리는 것이다.

지금까지는 선천적이었던 것과 벗어날 수 없는 운명이라 여겨졌던 여러 가지 상황이 인간의 지성과 교육의 발달 덕분에 개선됐다. 과거 천벌로 여겨졌던 수많은 재해도 과학의 진보와 교육 덕분에 극복됐다. 중세에 수백만 명의 목숨을 앗아간 페스트도 과학의 힘으로 극복됐다. 그것은 원인을 제거했기 때문이다. 무서운 역병을 막기 위해서 위생 상태를 청결하게 하고 건강한 생활을 유지하면 된다는 것을 이젠 알고 있다. 이것들은 신의 심판이 아니라 무지로 인한 재난이었다. 가난이라는 병도 신이 주는 것이 아니다. 빈곤은 주로 '마음의 습관'에 기인하며 가지고 있는 능력을 충분히 발휘한다면 모두가 쾌적한 생활을 영위할 수 있다. 병에 듣는 약이 있듯이 가난이라는 마음의 병에 효과적인 약이 있다면 가난은 사라질 것이다.

인간 사회의 발전을 위해 우리는 단호하게 가난이라는 무서운 병을 근절해야 한다. 자기 자신부터가 가난 중독, 가난 예찬에서 벗어나고 나서 주변 사람이 가난에서 벗어날 수 있도록 도와주는 것이 우리들의 의무인 것이다.

절약만이 미덕이 아니다

절약이란 가지고 있는 돈을 가장 현명하게 소비하는 것이다.

절약의 노예가 되어 자신도 모르게 비즈니스를 축소시키고 만 사람이 많다. 푼돈에 집착하다가 큰돈을 잃게 되는 경우다. 내가 아는 한 부자도 절약의 노예였다. 젊어서부터의 습관은 쉽게 고쳐지지 않았다. 1센트를 절약하기 위해 1달러에 상응하는 시간을 허비하는 일이 많았다. 집 안의 불이란 불은 다 끄고 다녀 가족들이 의자에 발을 부딪치거나, 문에 부딪치거나, 가구에 부딪혀 상처를 입곤 했다. 어쩌다 내가 방문했을 때도 가족들이 다른 방으로 이동하려다 넘어져 고가의 카펫에 잉크를 쏟는 일도 비일비재했다.

그는 이런 어리석은 습관을 비즈니스에도 끌어들였다. 모든 종이의 여백을 잘라내 메모지로 쓰거나, 봉투를 펼쳐 안쪽까지 썼다. 절약을 위한 이런 시간들을 돈으로 환산한다면 절약한 것과 비교가 되지 않는다.

파리의 은행에서 일하는 한 남성은 금괴가 든 가방을 들고 거리를 걷다가 동전 하나를 떨어뜨리고 말았다. 가방을 길에 놓은 채 보도 틈 사이에 낀 동전을 줍는 동안 누군가가 가방을 훔쳐 달아나버렸다. 진흙탕 속에 빠진 동전을 줍다가 고급 장갑을 버리고만 여성을 본 적도 있다. 진정한 절약이 뭔지 알지 못하는 사람들이 적지 않다. 절약을 위해 몸을 망가뜨리고 마는 사람도 있다. 싸구려 음식만 먹다 보면 기운이 나지 않는다. 그런데 점심 식사를 싸게 먹었다고 자긍심을 가지다가 어느 순간 몸이 허약해져 병원 신세를 져버리는 경우도 허다하다.

　돈이 들어간다고 아주 간단한 외과수술과 치과 치료를 뒤로 미루는 사람도 있다. 그러는 동안 고통을 참아야 하고 업무에서 최대한 실력을 발휘할 수 없다. 결국 영원히 치료를 피할 수 있는 것도 아니다. 언젠가는 치료비가 드는데 그러는 동안 병을 키워 더 큰 돈이 들고 만다. 이중의 손해를 입게 되는 것이다.

　잘못된 절약으로 귀중한 시간과 체력이 심하게 고갈돼버린다는 것을 우리는 거의 깨닫지 못하고 있다. 아주 적은 돈을 절약하기 위해 싼 상품을 사려고 이곳저곳 매장을 돌아다니다 귀중한 시간을 낭비하는 사람도 있다. 그리고 싸다고 해서 불편하고 조잡한 옷을 사고 만다. 세일 상품을 사기 위해 헤매는 시간에 돈을 벌어 더 좋은 옷을 사 입으면 된다는 간단한 사실을 간과하게 되는 까닭은 눈앞에 당장 보이는 푼돈에 집착하기 때문이다.

　싼 게 절약이라고 생각하는 건 착각이다. 나는 이전에 뉴욕의 고

층 빌딩 건설에 업무 차 관여한 적이 있다. 건축주는 많은 건설회사와 협상하고 입찰을 통해 가장 싼 회사를 선택했다. 신뢰할 수 있는 건설회사보다 10만 달러 이상 싼 견적이었다. 건축주의 절약정신이 지나치다 보니 빌딩이 완성되면서부터 문제가 속출했다. 모든 게 싸구려에 허술했다. 벽에는 금이 가고 바닥에는 구멍이 뚫리고, 문은 비틀어지고, 창문은 열리지 않았다. 싸구려 엘리베이터도, 난방도, 전기 등의 설비도 모두 고장이 잦았다. 겨울에는 냉기가 올라오고, 배관에 금이 가는 등 집기들도 쉽게 망가져버렸다. 그 결과 임차인들이 화를 내며 나가버렸다. 장소 덕에 임대료는 높지만 제대로 된 임차인을 구할 수 없었다. 결국 빌딩과 마찬가지로 허접하고 신뢰할 수 없는 임차인들만 모여들었다. 임대료도 밀리게 되고, 관리비도 많이 든다는 걸 생각한다면 건물주의 정신적 피로는 둘째 치고 건축비를 줄인 것보다 훨씬 더 많은 시간과 돈이 들어가고 만 것이다.

급여를 최소한으로 줄이려다 도산한 회사도 많다. 급여가 싼 호텔리어와 요리사, 웨이터를 고용하거나 싼 재료만 사들이다 망해버린 호텔도 적지 않다. 자신의 호텔을 최고급 호텔로 만들려면 최상의 투자를 해야 한다. 투자는 안 하면서 고급이 되려는 생각을 한다면 허망한 욕심에 불과하다.

물론 처음부터 돈이 없다면 그렇게 쾌적하고 질 높은 호텔의 서비스를 제공할 수 없을 것이다. 하지만 적은 돈을 절약하기 위해 미래를 위험에 빠뜨리지 않도록 질을 높이기 위해 힘을 기울일 수는 있을 것이다.

인색한 인생관을 갖지 않을 것. 낭비와 인색함의 중간을 선택하라. 생활의 활력이 될 만한 휴식과 양질의 독서에 돈을 쓸 수 없다는 것은 잘못된 절약이다.

넓은 의미에서의 절약에는 탁월한 판단력과 양식, 넓은 시야가 필요하다. 절약이란 가지고 있는 돈을 가장 현명하게 소비하는 것이다. 오히려 큰 목표를 위해 큰 맘 먹고 돈을 쓰는 것이 현명한 절약이다. 몇 천 달러를 벌어들이기 위해 몇 백 달러의 투자가 필요한 경우도 있다.

스크루지가 크리스마스의 유령을 만나 깨달음을 얻기 전, 그는 외로운 독거노인에 불과했다. 하지만 돈을 움켜쥐기만 한 인색한 주먹을 풀기 시작했을 때 부의 은총은 일파만파로 퍼졌고 스크루지 자신의 삶 또한 풍요로워졌다.

큰 뜻을 품은 사람이라면 힘을 기르는 건 당연하다. 실력을 높이는 것, 성장을 촉진시키는 것이라면 아무리 고가의 것이라도 돈으로는 바꿀 수 없다. 당신의 목표 달성 능력이 높아지고 포용력 있는 사람이 될 수 있다면 확실하게 돈을 써야 할 것이다.

CHAPTER 2

부와 사고

부자가 되기를 원한다면

가난해도 부자의 줄에 서라

"아이디어의 가치는 그것을 잘 활용하는 데 있다."

에디슨

부가 들어오는 길목을 막지 마라

사람 몸에 피가 돌아야 생명을 이어나갈 수 있듯이 사고의 회로에도
풍요로움이 스며들 공간을 마련해두어야 한다.

모든 부와 권력을 가진 왕국을 이을 왕자가 거지와 같은 생활을
하며 사람들에게 구걸하며 신세 한탄을 하고, 아버지가 아무것도 남
겨주지 않아 가난하고 불편한 생활을 견뎌야 한다고 말하고 다닌다
면 당신은 어떤 생각을 하게 될까?

머리가 어떻게 된 게 아닌가? 혹은 거지같은 행색이 다 거짓일 것
이다. 마음을 열고 진실에 눈을 뜨고 후계자에 걸맞는 생활을 한다
면 왕은 그가 원하는 건 다 줄 것이라고 생각할 것이다.

만약 당신이 가난의 구렁텅이에 빠져 있고, 불우한 환경에 처해
여유조차 바랄 수 없는 상황에 처해 있다면, 혹은 열심히 일하지만
원하는 걸 손에 넣을 수 없다면 당신도 이 왕자와 마찬가지로 어리
석은 인생을 영위하며 어리석은 행동을 하게 될 것이다. 자신은 가
난하다고 여기며 막대한 부를 축적한 아버지 그늘 아래서 거지같은

생활을 하고 있는 것이다. 당신은 당신의 자식을 위해 무한의 부를 이룬 신의 자식임에도 불구하고 두려움과 의심, 가난한 사고 때문에 그 부의 흐름을 막고 가난 속에서 살고 있다.

많은 사람들이 정원에 물을 뿌리기 위해 나섰다가 자신도 모르게 호스를 밟고 서 있는 것과 같은 행동을 하고 있다. 결국 그렇게 해서 물의 흐름을 막고 있는 것이다. 원래는 정원에 물을 흠뻑 줄 수 있을 만큼 물이 흘러넘치지만 호스를 밟고 있으면 물은 찔끔찔끔 나올 뿐이다.

태어나면서부터 자기 것이던 부의 흐름을 의심과 두려움, 가난에 대한 연상으로 틀어막고 있는 것이다.

인생과 우주는 법칙, 다시 말해 신의 법칙 위에서 이루어져 있다. 우주나 인류, 이 모든 것에 적용되는 부의 법칙은 만유인력의 법칙처럼 명쾌하고 수식처럼 정확하다. 단, 만유인력의 법칙은 사람의 생각과는 무관하게 작용하는 것에 비해 부의 법칙은 당신의 사고가 동조됐을 때만 태어났을 때부터의 권리인 부와 풍요로운 생활을 보장한다.

즉, 당신의 인생은 당신 생각대로 되는 것이다. 은혜를 풍성하게 받는 인생을 영위할 수도 있고 가난한 인생이 될 수도 있다. 반드시 당신이 마음먹은 그대로의 형태로 당신에게 되돌아올 것이다.

인간은 신념의 산물이다. 사람은 자신이 믿는 것 이상의 존재가 되거나 얻을 수 있는 것 이상의 것을 손에 넣을 수는 없다.

자신은 강한 사람이 될 수 없다, 사람들이 좋아하지 않는다, 일로 성공할 수 없다고 믿고 있다면 결코 강한 인간도, 사람들의 호감도, 일의 성공도 이룰 수 없다. 평생 가난에서 벗어날 수 없다고 믿는다면 당신의 믿음대로 평생 가난에서 탈출할 수 없다.

가난한 사람들의 대부분은 가난만 예상하고 있다. 결코 부자가 될 수 없다는 고정관념은 그들을 가난의 틀에 가두는 걸림돌이다. 그런 사고가 그들의 마음을 부정적으로 만들어 마음이 창조적으로 되질 않는다. 행복을 만들어내는 것은 창조적인 마음뿐이다. 부정적인 마음은 부의 흐름을 억제하고 막아버린다. 사람 몸에 피가 돌아야 생명을 이어나갈 수 있듯이 사고의 회로에도 풍요로움이 스며들 공간을 마련해두어야 한다. 가난한 마음으로 부의 혈관을 막아두면 언제까지고 답답한 인생을 살 수밖에 없다.

노동을 행복으로 연결하기 위해서는 얼마나 일을 했는가보다 어떤 마음을 가지고 있는가가 중요하다. 손과 머리로 무엇을 창출할지는 마음가짐에 달려 있다. 이 세상은 원래 신의 마음에서 태어난 것이기 때문이다.

생각이 옹졸하다면 마음을 투영하듯이 겉으로 드러난 모습도 옹졸해진다. 사람은 영원불변의 법칙에 따르기 때문이다. 작은 돈을 절약한다면, 작은 것에 집착하게 돼 큰일을 할 수 없다. 소질이 있더라도 옹졸하고 가난한 사고가 당신을 작은 인간으로 만들어 결국 얼마든지 흘러들어 올 수 있는 부의 흐름을 막아버린다.

우리는 흔히 자신이 산 것과 남이 산 것을 비교하여, 상대는 낭비를 하고 자신은 검약하다는 것을 자랑한다. 하지만 과연 검약이 칭찬밥을 일일까? 자신의 생활과 상대의 생활을 비교해본 적이 있는가? 우리는 그들만큼 인생을 즐기고 있을까? 우리는 사소한 절약을 위해 그들이 즐기고 있는 고급 음식, 고급 옷, 여행, 사교와 같은 수많은 즐거움을 잃고 있는 건 아닐까?

부는 활짝 열린 수로에서밖에 흘러들어 오지 않는다. 가난한 사고와 절망, 의심, 두려움, 옹졸한 생각으로 좁아진 수로에서는 흘러들어오지 않는다. 오히려 확실하게 돈을 쓰는 것이 최고의 검약인 경우가 적지 않다. 대기업이 넓은 시야와 선견지명을 잃고, 필요한 지출에 옹졸해 조악한 제품을 만들어 적극적인 방침에서 소극적인 방침으로 전환한다면 매상은 순식간에 급감할 것이다. 고객으로부터 리콜 요청이 들어온 경우 전 상품을 반품, 또는 교환해주어 오히려 기업 이미지가 한층 더 높아져 더 크게 성장하는 경우를 왕왕 본다. 반대로 반품해주는 비용을 아끼다가 기업에 대한 고객의 신뢰를 잃어 아예 문을 닫게 되는 경우는 더 많이 있다.

부의 법칙도 마찬가지 원리에 근거한다. 성공과 좌절의 갈림길도 최종적으로는 마음가짐에 있다. 위대한 부의 원리에 바늘구멍이 뚫린다 할지라도 넘쳐흐르지 않는다. 어떤 마음을 갖느냐가 부의 흐름을 결정하므로 진정한 번영을 이루기 위해서는 마음의 척도를 옹졸한 인생이 아니라 풍성한 인생에 맞춰야 한다.

부를 끌어들이는
마음의 자력을 지녀라

가난에서 벗어나고, 부를 손에 넣고, 현명하고 끈기 있게 대처하고,
꿈을 실현할 수 있다고 믿을 수 있다면 부는 당신의 것이다.

신의 자식인 우리는 가난으로 고통 받도록 만들어지지 않았다.
우리가 풍요롭게 살 수 있도록 모든 것이 풍부하게 주어져 있다. 이
세상의 아름다운 것, 특별한 것, 부귀영화가 우리를 위해 준비돼 있
다. 사람들이 무얼 원하든 전지전능한 창조주는 그 모든 것을 베풀
어준다. 우리는 바다와 같이 넓은 신의 품 안에서 원하는 것은 모두
얻을 수 있다. 우리가 해야 할 일은 단 한가지 '서로 닮은 것끼리 끌
어당긴다' 는 자력의 법칙을 믿고 따르는 것이다.

부를 얻기 위해서는 당신의 마음이 원하는 것을 끌어당길 자력을
지녀야 한다. 원래 우리에게 주어진 것을 이루지 못하는 것은 이 법
칙을 모르기 때문이다.

학창 시절 자석 실험에서 나무토막이나 동, 고무 등을 자석에 붙여본 경험이 있을 것이다. 당연히 이런 물건들은 붙지 않는다. 자석에는 이것들을 끌어당길 자력이 없기 때문이다. 하지만 바늘 같은 쇠붙이는 붙는다. 당신은 이때 '닮은 것끼리는 서로 끌어당긴다' 라는 법칙을 모르는 채 그것을 증명했다.

인생에 있어 이 법칙이 적용되지 않는 날은 하루도 없다. 때론 비극적인 형태로 나타나기도 한다. 바로 얼마 전에 펜실베니아 주 농가의 한 소녀가 치과 치료 중에 사망했다. 이를 빼기 위해 의자에 앉아 있다가 공포로 발작을 일으킨 것이다. 소녀는 이 법칙을 알지 못했지만 공포가 실제 상황으로 이루어져버린 것이다.

의식을 하든 말든 상관없이 우리는 인생의 모든 상황에서 이 법칙을 이용하고 있다. 마음은 끝없이 무언가를 끌어들이고 있다. 그때그때 마음을 지배하고 있는 사고와 신념이 자석 역할을 하고 있는 것이다. 무언가 집중해서 생각하면 우리는 그 생각의 전문가가 돼 '자력의 법칙'에 의해 그것을 끌어당기게 된다. 가난과 유복, 성공과 좌절은 이런 식으로 우리에게로 다가오는 것이다.

이 법칙의 대단한 점은 마음을 먹음으로써 무엇을 끌어당길지, 마음은 어떤 자석을 품을지를 스스로 결정할 수 있다는 점이다. 부를 끌어당길 마음을 가짐으로써 가난에서 벗어나고, 부를 손에 넣고, 현명하고 끈기 있게 대처하고, 꿈을 실현할 수 있다고 믿을 수 있다면 부는 당신의 것이다. 이것이 자력의 법칙이며 이 법칙을 거스를 수는 없다. 어떤 식으로 행동하든 사람들은 모두 이 법칙에 따르고 있으며 이 법칙에 따라 결과를 얻을 수 있게 된다.

성공을 향해 노력하는 많은 사람들이 자신의 마음이 가난을 향해 돌진하고 있는 모습을 보게 된다면 아마도 충격을 받게 될 것이다. 엄연한 법칙에 따라 사람은 반드시 자신의 마음가짐에 따라 진행한다. 가난만을 생각하고, 말하고, 궁색한 행색과 살림으로 가난함을 발산하며 자신이 가지고 있는 것은 가난만이라고 공언한다면 아무리 근면하게 일한다 하더라도 가난에서 벗어날 수 없다. 의심, 공포, 가난에 대한 착각이 행운을 멀리하고 있다는 것을 그들은 깨닫지 못하고 있다. 그런 생각을 질질 끌고 있는 한 풍요로운 삶에 도달할 수 없을 것이다.

마음의 자력으로 가난과 병에 대한 두려움, 불안 등 여러 가지 유해한 사고를 끌어당기고 있는 사람들이 얼마나 많은가? 그러면서 그들은 기적이 일어나지 않을지 기대한다. 하지만 어떤 기적도 자력의 법칙을 거스를 수는 없다. 원인이 있기 때문에 결과가 있는 것이다.

가난에 구속당하는 것은 뿌리 속 깊이 가난한 정신 상태를 가지고 있기 때문이다. 가난한 사고와 궁색한 환경을 숙명으로 받아들이는 것이 당신을 가난한 사고 속에 끌어 들여 더욱 더 가난을 끌어당긴다. 부를 생각하고, 유복해질 것이라 믿고, 자신감과 희망을 가지고 목표를 위해 노력하는 사람이 필요한 환경을 끌어당기는 것도 같은 법칙에 따른다.

이 법칙 하에서는 우리의 정신과 사고를 지배하고 있는 것이 현실화된다. 따라서 증오하거나 배제하고 있던 생각이 현실화되는 경우도 있다. 우리가 그 속에 안주하고 그것이 마음 한 가운데 자리 잡고 있기 때문에 삶을 통해 그것이 인생에 반영된다.

당신이 지금 손에 쥐고 있는 것, 당신을 둘러싼 모든 것, 당신의 사고나 신념은 노력의 반영인 것이다. 사고도 신념도 모두 현실화돼 우리를 감싼다. 우리의 말과 사고는 감정이 눈처럼 쌓여 우리와 함께 살고 우리를 둘러싼 환경이 된다.

언젠가 이 '마음의 자력 법칙'이 모든 창조 행위의 원동력이라는 것이 증명될 것이다. 사람의 인생은 성공이든 좌절이든 모두 이 법칙 하에 이루어진다. 이것은 거스를 수 없는 불변의 원칙이다.

"돈이 돈을 부른다."는 말도 이 법칙을 바꿔 말한 것에 불과하다. 성공한 사람들은 부를 생각하고, 부를 믿고, 부를 지향한다. 그들은 필요한 돈, 필요한 것은 모두 다 얻을 수 있다는 것을 한순간도 의심하지 않는다. 그리고 당연하게 이 모든 걸 손아귀에 넣는다. 그들은 '마음의 자력 법칙'을 말 그대로 실천하고 있는 것이다.

사람들은 교활한 악인이 비즈니스에서 성공하거나 돈을 벌어 재산을 축적하는 반면, 정직하고 착한 사람이 성공하지 못했다고 생각하는 경우가 많다. 착하게 살지만 좋은 일은 전혀 없다거나 항상 투자 타이밍을 잘못 잡아 손해를 본다. 착한 사람들은 돈 버는 재주가 없는 것일까?

틀림없이 정직은 고금동서를 막론하고 최고의 경영이념이지만 실제로 도덕성은 돈 버는 것과 별 관계가 없다. 오히려 돈을 버는 것과 직접 관련이 있는 것은 '닮은 것끼리 끌어당긴다'고 하는 부의 법칙이다. 악당이라도 부의 법칙, 마음의 자력 법칙을 따르면 막대한 재산을 축적할 수 있다. 다른 모든 법칙과 마찬가지로 부의 법칙도 도덕과는 아무런 관계가 없다. 그것은 도덕적이든 부도덕적이든 상관이 없다.

많은 사람들이 이 법칙을 모르기 때문에 원치 않는 것을 불러들이고 있는 것이다. 건강, 행복, 성공의 비결은 창조적이고 생산적인 마음, 즉 바람직한 것을 끌어당기는 마음에 있지만 그들은 생산적 사고와 파괴적 사고, 성공하는 사고와 실패하는 사고의 차이를 깨닫지 못하고 있다. 인생에서 벌어지는 여러 가지 크고 작은 일들은 어떤 사고를 품고 있는가에 달려 있다. 바람직한 것을 끌어당길 수도, 바람직하지 않고 혐오스러운 것을 끌어당길 수도 있다. 마음속으로 그린 모습이 모델이 돼 삶을 통해 환경의 틀이 만들어지고 현실로 이어지는 것이다.

가장 빈번하게 마음속으로 그리는 것, 머릿속에 떠오른 것이 실마리가 돼 인생을 엮어가며 인격의 일부가 되고, 그 생각과 똑같은 것을 끌어당기는 자력을 높여간다. 그것이 두렵고 피하고 싶은 것이든 바람직하고 손에 넣고 싶은 것이든 관계가 없다.

증오는 증오를, 소망은 소망을, 질투는 질투를, 적의는 적의를 부른다. 모든 것들이 스스로 닮은 것을 끌어당기는 힘을 가지고 있다. 우리는 뿌린 만큼 밖에 거둘 수 없다. 자신 이외의 것을 복제하는 건 이 세상에 존재하지 않는다. 이 법칙에 예외는 없다.

'닮은 것끼리 끌어당긴다'고 하는 법칙을 실현시키고 있는 것이 가난에 발목을 붙잡힌 사람들이다. 그들은 이 법칙을 알지 못하기 때문에 가난만을 생각하고 처참한 환경에 빠져 있다. 가난만을 생각하고, 가난한 사람처럼 행동하고, 가난만을 이야기하고, 가난을 숙명이라 여기기 때문에 헤어나지 못한 채 가난을 두려워하고 걱정하며 살고 있다. 최악의 상황만을 연상하고 있으면 그대로 이루어진다는 것을 깨닫지 못하고 아무도 가르쳐주지 않는다. 그들은 스스로의 생각으로 부의 도래를 막고 있는 것이다.

부를 불러들여 가난을 떨쳐내기 위해서는 이 법칙에 거스르지 않고 따라야 한다. 부을 기대하고 지금 상태가 어떻든 간에 자신은 성공한다, 이미 성공했다고 마음속으로 믿는 것이 원하는 것을 불러들이는 첫째 조건이다. 의심하거나 두려워해서는 안 된다.

무엇이든 일류가 되기 위해서는 몇 년 간의 수련은 필수다. 하지만 빈부의 문제에 있어서는 그것이 운명이며, 노력만으로 어떻게 되지 않는다고 믿는다는 건 너무나 불가사의한 일이다.

"나는 천성적으로 돈벌이를 잘 못한다."고 사람들은 말한다. 부모님도, 조부모님도 돈 버는 재주가 없었다, 하루하루를 연명하는 게 고작이었다고 자기변명을 한다.

나는 젊었을 적에 "가지고 있는 사람에게는 더욱더 많이 주어져 풍요로워진다.(마태복음 13장 12절)"라는 성서의 한 구절을 이해할 수 없었다. 성서의 다른 가르침과 차이가 있고 매우 불공평하다고 생각했다. 하지만 지금은 이것은 하나의 법칙을 일컫는 말이라는 것을 알고 있다. "가지고 있는 사람에게는 더욱더 많이 주어진다." 이것이 정답이다. 왜냐하면 가지고 있는 것만으로도 그 사람의 마음은 더욱더 많은 것을 끌어당기는 자력을 가질 수 있기 때문이다.

성서는 계속해서 이렇게 말했다. "하지만 가지고 있지 않은 사람은 가지고 있는 것까지 잃게 된다." 이런 사람은 마음이 잘못된 방향을 향하고 있다. 시기심과 공포로 부의 유입을 막고 있기 때문에 가지고 있는 것조차 잃게 되는 것이다.

부를 얻는 것은 특별한 것이 아니다. 부를 끌어당기기 위해서는 집중과 준비만 있으면 된다. 부의 법칙을 전력으로 실천하고 그것에 숙달해야 한다.

단, 목표를 달성하기 위해서는 마음이 제일 조건이다. 부는 먼저 마음으로 만든다. 부를 실현하기 위해서는 먼저 부를 끝없이 연상해야 한다. 가난에서 벗어나는 길은 단 한 가지, 가난을 등지는 것이다. 가난을 생각하고 가난을 두려워하는 마음을 당장 털어버리자. 가능한 한 겉모습을 풍요롭게 하고, 바람직한 인생을 연상하고, 원하는 것을 손에 넣는 것을 상상한다. 그렇게 하면 그것을 얻을 수 있다. 바람직한 것을 얻는 것도, 바람직한 것을 얻지 못하는 것도 마찬가지다. 사고와 노력의 방향이 틀려서는 안 된다. 성공을 원한다면 성공에 대한 사고로 마음을 가득 채워야 한다.

또 한가지 알아둘 것은 확신은 의지보다 훨씬 강하다는 것이다. 아무리 의지가 강하더라도 불가능하다고 믿고 있다면 헤쳐 나갈 수 없다. 만약 자신이 유전적으로 난치병에 걸릴 거라고 확신한다면 그것은 병을 막겠다는 의지보다 훨씬 강하다.

'마음의 자력 법칙'을 확실하게 몸에 익힌다면 바람직하지 않은 것을 끌어당기지 않도록 주의를 기울이게 된다.

두려움, 혐오, 피하고 싶은 것이 아니라 반드시 얻고 싶은 것, 끊임없이 추구해온 것을 끌어당기는 사고가 가능하게 된다.

인간은 이 세상에서 바라는 것을 윤택하게 얻을 수 있도록 만들어져 있다. 마음이 가난한 사고에 물들지 않았다면 그 무엇도 금지된 게 없다. 드넓은 바다에 사는 물고기들이 먹이로 곤란을 겪지 않는 것과 마찬가지로 이 세상에는 사람들이 원하는 것이 모두 갖추어져 있다. 대양에 먹이가 넘치고 있는 것과 마찬가지로 우리도 부로 넘쳐나는 우주라는 대양에 살고 있다. 이제 마음을 열고, 신뢰하고, 자신감을 가지고, 현명하게 노력하기만 하면 된다. 이렇게 부와 성공을 생각하는 마음이 당신의 일부가 되어 이 모든 것을 끌어당기게 될 것이다.

부의 입구가 되는
의식을 자각하라

의식은 그 성격에 따라 끝없이 샘솟는 부의 보고를
개방하거나 꼭꼭 닫아버리기도 한다.

구약성서에 등장하는 욥은 고난을 이겨내고 신앙을 지켰다. 욥이 "두려워하던 일이 일어났다, 걱정하던 일이 벌어졌다.(욥기 3장 25절)"고 하는 탄식을 페리 그린 박사는 "의식했던 일이 일어났다."라고 말해야 할 것이라고 했다. 다시 말해 우리의 의식 속에 있는 것이 눈에 보이지 않는 현실에서 떠올라 눈에 보이는 형태로 삶에 반영된다는 것이다. 그리고 그 의식에 따라 가난해지거나 행복해지고, 건강해지거나 병이 들고, 기뻐하거나 슬퍼진다는 것이다.

인간의 인격적 성장의 비밀은 모두 의식에 감춰져 있다. 의식은 생명 그 자체의 문이기 때문이다. 기쁨과 슬픔, 건강과 병, 성공과 좌절 등은 모두 의식을 통해서만 인생에 나타나고 그 일부가 된다.

잔 다르크가 조국을 구할 수 있었던 건 어릴 때부터 그렇게 될 것이라고 의식했기 때문이다. 잔 다르크는 글도 모르는 가난한 농민의 딸로 마음의 자력 법칙을 모르고 있었지만 자신도 깨닫지 못하는 사이 그 법칙에 따라 살고 있었다. 승리를 의식하고 있었기 때문에 그만한 위업을 달성할 수 있었던 것이다.

인생, 그리고 그 성과와 가능성은 모두 의식에 달려 있다. 게다가 어떤 의식을 가질지는 스스로 마음먹기에 달려 있다. 위대한 음악가는 일반인에게는 없는 음악적 의식을 발달시키고 있다. 수학자, 천문학자, 작가, 의사, 예술가 등 그 길의 전문가들은 각각 특수한 의식을 발달시켜 그 의식에 따라 성과를 창출하고, 특수한 지식에 걸맞는 특수한 능력을 마음껏 발휘하고 있다.

당신은 어떤 의식을 몸에 익히고 싶은가? 무엇을 손에 넣고, 무엇을 하고, 어떤 사람이 되고 싶은가? 이 점에 대해 적극적으로 대처하길 바란다. 왜냐하면 새로운 의식을 개발하기 위해서는 목적과 소망을 확실히 하는 것이 첫 걸음이기 때문이다. 마음속에 그 이미지를 확실히 새기고, 사고와 행동, 인생의 중심으로 삼아야 한다. 성공한 법률가는 법률적 의식, 성공한 의사는 의학적 의식, 성공한 비즈니스맨은 비즈니스적 의식이 몸에 배어 있다. 시작이 중요하다. 어떤 의식을 발휘하든 마음은 닮은 것을 끌어당겨 그것을 당신의 인생을 구축하는 재료로 만들기 때문이다.

힘을 의식하면 힘이 생긴다. 권력을 의식하면 권력을 얻을 수 있다. 자신을 의식하면 하면 된다는 자신감이 생긴다. 1등이 되겠다고 의식하지 않으면 1등이 될 수 없다. 위에 서 있는 것을 의식적으로 연상하면, 우위성을 사고할 수 있다면, 인생에 있어 정말로 위에 선 사람이 될 수 있다. 우리에게는 위대함이 있고 무한한 힘과 끊임없이 샘솟는 부를 손에 넣을 능력이 잠재되어 있다. 하지만 이 감춰진 힘에 대한 의식이 깨어있지 않다면 보이지 않는 부를 이용할 수 없게 된다. 자신의 의지대로 이 엄청난 잠재력을 드러내지 않는다는 것은 거대한 금덩어리가 가득 담긴 궤짝의 열쇠를 찾지 못해 그대로 썩혀 두는 것과 같다.

최근 한 친구가 이런 광경을 목격했다. 작은 체구의 여성이 돌진해 오던 소에 깜짝 놀라 문을 뛰어넘었다고 한다. 평소 같으면 절대 불가능한 일이지만 그녀는 생명의 위협을 느꼈다. 돌진해오는 소를 보고 문을 뛰어넘을 수 있을지 걱정하거나 의심할 여유가 없었다. 피할 방법은 그것밖에 없었기 때문에 간단히 문을 뛰어넘을 수 있었다. 하지만 위험이 사라지자 내적 힘에 대한 의식은 사라지고 그저 평범하고 약한 여성으로 돌아와버렸다.

몸이 불편한 사람들, 자기 혼자서는 아무것도 할 수 없다고 생각했던 사람이 화재 등의 재해에서 자신과 가족에게 위험이 닥치면 침대에서 벌떡 일어나 걸었다는 예는 얼마든지 있다. 그리고 활활 타오르는 집에서 무거운 가구를 운반하거나 건장한 사람도 할 수 없을 정도의 엄청난 능력을 발휘하곤 한다. 비상사태에 처하면 일시적으로 숨어 있던 잠재력이 표출되어 스스로 놀랄 만큼의 힘을 발휘하게 된다. 그러나 이내 자신이 상상을 초월하는 힘을 발휘했다는 의식은 사라지고 무한의 잠재능력은 다시 닫히고 만다.

의식은 그 성격에 따라 끝없이 샘솟는 부의 보고를 개방하거나 꼭 꼭 닫아버리기도 한다. 문이 닫혀 있거나 반쯤 닫혀 있다면 재물에 손이 닿지 않는다. 문이 완전히 열려 있을 경우에만 그 보물 창고에서 인생에 필요한 모든 것을 꺼낼 수 있는 것이다.

그것을 가능케 하는 것은 돈에 대해 전전긍긍하지 않고, 부의 법칙을 마음에 새기고 부의 흐름을 잡아 성공을 이룬 사람들이다. 소중한 한 푼의 돈을 손에 꽉 쥔 채 굶어 죽어도 놓지 않으려 하고 항상 문 앞의 늑대만 두려워하는 사람은 가난을 극복할 수 없다.

얼굴을 들고 당당한 사람은 상황이 아무리 어렵더라도 활기와 용기로 가득 차 있다. 세상의 모든 것을 지배하는 신의 힘에 대한 신뢰가 있어 어떤 어려움이 닥쳐도 밝은 면을 볼 수 있다. 그리고 자신의 의지를 실현하고, 원하는 것을 손에 넣을 수 있다는 확신을 가지고 의연하게 모든 일과 마주할 수 있다. 무슨 일이 생기더라도 의식이 그들에게 용기를 불어넣어 주는 것이다.

에머슨(1803-1882, 미국의 시인·사상가)은 이렇게 말하고 있다. "모든 영혼은 신에게 있는 모든 것의 입구일 뿐만 아니라 출구도 될 수 있다." 많은 사람에게 있어 인생은 단순한 생존경쟁이지만 이 진리를 의식하게 되면 인생은 더욱 더 뜻 깊은 것이 된다.

보이지 않는 힘을 믿어라

우리가 살아 움직이고 존재하는 것은 눈에 보이지 않는 힘에 의한다.

오감을 통해 깨달을 수 없는 현실을 사람들에게 이해시키는 것만큼 이 세상에 어려운 것은 없다. 하지만 눈에 보이는 것만을 추종하는 사람에게는 인생의 성공을 부르는 비밀을 알려줘도 소용이 없다.

여기에 많은 사람들이 가난과 역경 등의 고뇌를 극복할 수 없는 원인이 있다. 그들은 물질의 세계를 넘어 창조적 에너지로 충만한 보이지 않는 세계를 보는 것은 불가능하다. 마음의 창조 작용은 그곳에서부터 시작된다. 사람이 창조한 보이지 않는 세계는 모두가 마음의 눈에서 출발한다는 것을 그들은 모른다. 원하는 것을 구체적으로 연상하는 비주얼라이제이션(visualization 심상:생생하게 마음속에 그림)의 힘으로 보이지 않는 세계에서 원하는 것을 끄집어내 눈에 보이는 현실로 가능하게 할 수 있다는 것을 그들은 모른다.

이 경이적인 힘의 사용 방법을 이해하려면 지금 당장 미래를 떠올려보자. 자신이 되고 싶은 것을 연상해보자. 하고 싶은 것을 하고 원하는 사회적 지위를 차지하고 있는 자신을 떠올려보자. 그에 따라 바라는 미래를 물질세계에서 구현할 수 있는 재료를 하나둘씩 자신의 것으로 끌어당길 수 있게 될 것이다. 그리고 당신을 둘러싼 불협화음은 조화로 바뀌어 인생은 세련되고 풍요롭게 될 것이다.

천체 궤도에 작용하는 만유인력은 몇 천 년에 걸쳐 한 치의 오차도 없이 궤도를 그리고 있으며 우주 공간에서 멋지게 균형을 유지하며 놀랄 만한 속도로 태양의 주변을 돌고 있다. 이 만유인력 또한 눈에 보이지 않는 힘이다. 보는 것도, 맛보는 것도, 냄새를 맡는 것도, 만지는 것도 불가능하지만 그것이 존재하는 것은 엄연한 사실이다.

텔레비전을 시청하려면 리모컨으로 전원을 켜기만 하면 된다. 전파와 전기는 눈에 보이지 않지만 우리가 전원을 켜는 순간 그 공간과 시간에 작용해 텔레비전을 나오게 한다.

전기는 바다와 산을 넘어 메시지를 전달해 세상 사람들을 중노동에서 해방시켰다. 수많은 발명에 이 만능의 힘을 이용한 에디슨조차 실은 아무것도 모른다고 고백했다. 자신은 이 신비한 힘이 인류에게 널리 퍼져 사람들의 무거운 짐을 줄여주고, 생활을 보다 쾌적하게, 아름답게 하기 위한 단순한 중개자 역할에 불과하다고 했다. 의심이 많은 사람과 유물론자들이 오감으로 믿지 못하는 것 자체가 넌센스다. 우주에 존재하는 진정한 힘은 모두 눈에 보이지 않는다는 걸 깨닫지 못한 것이다.

장미꽃이 피면서 향을 내뿜고, 아름다움을 발산하는 신비함을 누가 설명할 수 있겠는가? 하지만 그 배후에 있는 것은 부정할 수 없는 현실이며 그것이 장미라는 형태를 만들어냈다.

우리는 눈에 보이는 세상에 살고 있다고 믿고 있다. 하지만 그 보이는 세계는 보이지 않는 힘에 지배되고 인도된다. 우리는 물질에서 영양을 얻고, 의복을 걸치고 있지만 우리가 살아 움직이고 존재하는 것은 눈에 보이지 않는 힘에 의한다.

우리가 물질에 둘러싸인 좁은 세계가 아니라 눈에 보이지 않는 내면의 힘을 통해 인생과 그 무한의 가능성을 인식할 수 있다면, 그리고 자신들이 창조주의 뛰어난 예지의 일환이며, 창조주가 모든 인간에게 감춰진 무한의 힘을 선물했다는 사실을 진심으로 믿게 된다면 우리는 얼마나 높은 곳까지 오를 수 있고, 얼마나 행복한 삶을 살 수 있을까.

그리스도가 "신의 나라는 너희의 마음속에 있다."라고 말했을 때, 그것은 내면의 신의 나라는 신의 마음과 동일하고, 내면의 신의 나라는 만물 창조의 능력이 시작된 힘의 나라라는 의미였다. 우리는 신의 나라를 통해 위대한 창조주의 에너지인 보편적 실존과 대화하는 것이다.

부도, 건강도, 기쁨도, 성공도, 목표 달성도, 모두 내면의 보이지 않는 창조 에너지 속에 있으며 당신의 사고를 통해 실체로 구현되는 것을 기다리고 있다. 당신의 필요를 충족시켜 줄 무한의 부, 발명, 미술, 문학, 음악, 연극 등의 예술, 인간사회의 모든 분야에 속한 위업은 당신 내면에 있는 위대한 예지 속에서 당신의 사고와 결합해 눈에 보이는 형태로 지상에 드러나길 기다리고 있다. 텔레비전을 켜 듯이, 방의 불을 밝히듯이 의식의 전환만 하면 눈에 보이지 않는 힘 이 작용해 모든 것을 이루어낸다.

보이지 않는 세계에 불평등은 존재하지 않는다. 태양과 비가 현 명한 농부나 어리석은 농부에게 똑같이 내리듯이 도둑도, 범죄자도, 살인자도, 낙오자도, 의인도, 귀인도, 발명가도, 인류의 진보에 공헌 한 각계의 저명한 인물도, 모두에게 주어진 재료는 똑같다.

바꿔 말하자면 우리 모두에게 손에 보이지 않는 힘이 주어져 있고 우리는 각자의 사고에 따라 인생, 운명, 재산을 형성한다. 사고한다 는 것은 창조하는 것이다. 왜냐하면 사고는 눈에 보이지 않는 보편 적 존재 속에 뿌려진 씨앗이며 그 땅에서는 뿌린 것과 같은 것이 싹 트기 때문이다. 그곳에는 건설적인 사고도, 아름다운 사고도, 사랑, 선의, 부, 기쁨, 성공이라는 사고도 뿌릴 수 있다. 혹은 반대로 파괴 적 사고, 증오, 적의, 병, 불화, 좌절, 가난이라는 사고를 뿌릴 수도 있다.

한가지 분명한 것은 눈에 보이지 않는 세계에 무엇을 뿌리든 눈에 보이는 세계에서 그것을 수확하지 않으면 안 된다는 것이다. 이것은 벗어날 수 없는 법칙이다.

부를 끌어당기는 자석이 되라

부자가 되고 싶은 사람에게는 좋은 것만 생각하는 것이 특효약이 된다.

사람은 어떤 식으로도 세공이 가능한 자석과 같다.

유익한 인생을 보내기 위해서는 그에 필요한 재료를 끌어당기는 자석이 될 것, 일로 성공해 목표를 달성하기 위한 조건을 끌어당길 모든 것을 배워야 한다.

우리 주변에는 끊임없이 샘솟는 부가 흐르고 있다. 그곳에서 필요한 것을 끌어올 수 있는 것은 자신의 책임이다.

우리는 '닮은 것끼리 끌어당긴다'는 자력의 법칙에 따라 사물을 끌어당기고 있다. 일을 해서 재산을 축적했다고 노력의 산물이라고 여길지도 모른다. 하지만 노력 이전에 사고가 있고, 목표 실현 앞에 마음의 준비 기간이 있는 것이다.

마음가짐이 바뀐 것만으로 순식간에 상황은 변화를 일으킨다. 부가 얼굴을 향하도록, 부를 키우려고, 부를 끌어당기는 자석이 되려고 결심한 순간부터 꿈을 실현하는 재료가 속속 모여든다.

"사람을 보고 은혜를 베푸는 사람은 은혜를 받는다.(잠언 22장 9절)"는 말은 근원적 진리를 나타내고 있다. 마음의 눈에 비친 사고가 매일매일 표면적인 상황을 만들고 있다. 사고는 현실의 힘을 가지고 끝없이 보이지 않는 세계에 작용하고 있다. 바람직한 상황을 사고하고 구체적으로 연상하면 할수록 그것을 실현하는 힘은 증가된다. 이것은 인간 심리의 법칙이다.

부를 끌어당기기 위해서는 단순히 부에 대한 생각만 하는 것이 아니라 가난과 결별할 각오가 필요하다. 지금 당장 시작하자. 하루라도 뒤로 미뤄서는 안 된다. 부자처럼 꾸미고, 부자처럼 행동하고, 부를 생각하라.

암에 걸린 사람이 사망에 이르는 가장 주된 요인은 자발적인 식사 거부로 인한 영양실조라고 한다. 암세포가 아니라 자신이 불치의 암에 걸렸다는 생각으로부터 나오는 극도의 공포감과 스트레스가 사람을 죽게 만드는 것이다. 암에 걸리면 스스로 고된 투병 생활 끝에 비참한 죽음을 맞게 된다는 상상에 휩싸여서는 안 된다. 곧 병에서 해방되어 다시금 건강한 모습을 되찾은 자신의 모습을 머릿속에 그리면서 최대한 마음을 편하게 먹어야 한다. 약이나 치료에 의존하지도 않은 채 오로지 이러한 긍정적인 마음 하나로 암을 자가 치료한 예는 숱하게 많다.

부를 얻을 때도 마찬가지다. 부자의 사고를 가지고, 풍요로움을 연상해야지 가난을 인식하고 가난을 떠올려서는 안 된다. 가난의 흔적을 당신 마음뿐만이 아니라 당신의 겉모습에서도 완전히 지워버리자. 처음부터 좋은 옷을 입지 못하고 좋은 집에서 살 수 없더라도 태어나면서부터 받은 풍성한 은혜에 대한 신뢰가 빛을 발해 당신은 그 광채에 감싸이게 될 것이다.

부는 마음에서 싹튼다. 사고에 의해 부의 토대를 만들고 풍요로움으로 자신의 주변을 가득 채워라. 당신이 마음에 품고 있는 사고가 당신을 둘러싼 환경과 당신의 인생에 스며들게 될 것이다.

"저 사람은 운이 좋아."라는 말을 듣는 사람이 있다. 모든 것이 잘 풀려 나가는 사람의 마음에서는 눈에 보이지 않는 힘이 꿈을 향해 발산되고 있다. 그런 사고의 힘이 강하면 강할수록 모든 것이 조화를 이루며 순조롭게 진행될 것이다.

부자가 되고 싶은 사람에게는 좋은 것만 생각하는 것이 특효약이 된다. 부를 얻어 안락한 집에 살고, 좋은 옷을 입고, 여유로운 삶을 살면서 사회에 도움이 되는 일에서 능력을 발휘하고 있는 자신을 상상한다면 성공을 향하는 조류를 탈 수 있게 된다.

항상 도움을 주고 있는 신도 돈에 관해서는 모른 척한다는 생각은 어리석다. 우리는 흔히 신에게 필요한 돈을 사정한다는 것 자체가 실례라고 생각하기 쉽다. 고뇌의 위안이나 병의 치료는 바라면서 집에 대한 대출 변제를 신에게 기도한다는 것은 좋지 않는 것이라고 단정 짓는다. 하지만 우리에게 의식주를 선물해준 것은 신의 끝없는 은혜다.

태양의 에너지를 받지 못하는 지구는 달처럼 차가운 사막이 될 것이다. 마찬가지로 우리도 모든 것을 신으로부터 받고 있다. 신이 세상과 인간을 창조할 적에 무한한 힘도 함께 불어넣었다. 그렇다면 우리가 이 위대한 부의 원천에 돈을 추구한다고 뭐가 잘못된 것일까?

우리 인간은 풍요로움 이외의 것을 운명이라고 한순간도 생각해서는 안 된다. 부는 당신이 태어나면서부터 주어진 권리이자 신의 창조물로서 마땅히 누려야 할 의무이기도 하다.

가난에 등을 돌리자. 가난에 안주하거나, 가난을 예상하거나, 가난에 힘을 실어서는 안 된다. 부에 얼굴을 돌리자. 풍요로운 삶을 연상하고 전력으로 노력한다면 부는 끌어당길 수 있다.

당신이 소박한 집에서 가난하게 살고 있다면 반려자와 아이들과 이야기를 나누어 앞으로는 가난이 아니라 부를 향해 얼굴을 돌리고 삶을 풍요롭게 할 것을 목표로 삼자. 좁은 집을 정리하고 밝고 깔끔한 집으로 만들자. 입는 것도 마찬가지다. 의복을 깔끔하게 차려입고, 허리를 꼿꼿이 펴고, 자신을 연마하고 노력하자. 희망의 빛을 발산하고 눈의 광채로 보다 나은 미래에 대한 희망을 소중한 가족에게 불어넣자. 절망이 아니라 희망에 얼굴을 향한다면 당신과 가족의 마음 변화가 생활의 모든 것을 크게 바꿀 것이다.

이렇게 당신은 부를 끌어당기는 자석이 되고 희망과 의욕, 의지의 파동을 발산할 수 있다. 낡았더라도 깔끔한 옷, 그리고 사람을 끌어당기는 강인한 표정이 다시 태어난 당신을 증명해줄 것이다. 부를 긍정하는 적극적인 마음이 전파처럼 퍼져 같은 파장을 가진 사람을 끌어당긴다. 당신의 마음가짐이 눈에 보이지 않는 자력을 통해 당신을 부로 인도하고 당신을 도와줄 사람들을 끌어당긴다.

출세하고 싶다, 고수입을 올리고 싶다, 빚을 갚고 싶다, 원하는 것을 가지고 싶다면 목표 달성을 위해 전신의 힘을 기울여야 할 것이다. 그리고 그것을 얻을 수 있다는 것을 한순간이라도 의심해서는 안 된다. 머릿속에 가난한 사고로 가득하다면 가난에서 벗어날 수 없다. 먼저 머릿속에서 가난을 쫓아내자.

악취가 진동하는 파이프에 깨끗한 물이 흐를 수 없듯이 가난만 생각하고, 절약으로 전전긍긍하며, 불신감으로 가득한 마음에 풍성한 흐름이 흐를 리 만무하다. 마음의 파이프를 청소해 막힘을 뚫어주는 것이 올바른 생각이다.

가난이란 마음의 병을 씻은 듯 낫게 할 약은 당신 마음속에 있다. 부자의 사고는 가난의 병을 퇴치하는 특효약이다. 가난한 사고와 부자의 사고는 같은 마음속에 공존할 수 없다. 어느 한 쪽이 다른 한 쪽을 밀어내게 되어 있다. 어느 쪽을 키워나갈지는 당신에게 달려 있다.

정말 중요한 것은 마음의 풍요로움이지만 우리의 나쁜 습성은 저절로 물질적 풍요만을 생각하는 데 있다. 우리는 이제야 조금씩 깨닫기 시작했다. 건물을 세우기 위해서는 설계도가 필요하듯이 사물이 형태로 나타나기 위해서는 '사고' 라는 계획이 필요하다.

되고 싶은 대로 될 수 있다는 사고를 의식적으로 가져라. 이것이 원하는 것을 끌어당기는 자력을 몸에 지니기 위한 제일 조건이다.

일이든, 돈이든, 지위든, 건강이든, 긍정적이고 명쾌하게, 단호하고 끈기 있게 끝없이 생각할 것. "안 되면 어쩌지", "정말 될 수 있을까?" 하고 의문을 품어 생각의 축이 흔들리면 아무것도 이룰 수 없다.

백화점 경영으로 유명한 존 워너메이커는 젊었을 때 옷 파는 행상을 하고 있었다. 그는 하루에도 몇 번씩 자신이 거상이 되는 생각에 빠졌다. 커다란 상점 앞을 지나면서 자신은 이보다 더 큰 상점의 경영자가 될 것이라 상상했다. 자신의 꿈에 의심을 품거나 주춤거리지도 않았으며 긍정적인 사고의 흐름을 막지 않았다.

목표를 향해 끝없이 열심히 노력하는 것만 생각하는 사람이 많다. 사고의 힘을 사용한다면 자연스럽게 몸에 자력이 생겨 목표 달성을 끌어당긴다는 것을 모르기 때문이다. 워너메이커는 여러 가지 힘을 끌어당겨 거상이 됐다. 그는 끝없이 전진해 비전과 현실을 일치시켜 나간 인물이다.

마셜 필즈 백화점의 창업자 마셜 필드도 미래의 자신을 상상하고 시골의 작은 가게를 뛰쳐나와 시카고에서 점원이 됐다. 점원에서 사원이 된 후에도 더 높을 곳을 향해, 미국 제일, 아니 세계 제일의 상점 경영자가 되는 꿈을 키웠다. 그를 이끌어준 것은 사고다. 그는 항상 한 단계 높은 자신, 한 단계 높은 일을 생각함으로써 목적하던 것을 끌어당기는 자력을 몸에 지니게 됐다.

존 워너메이커가 현실에 만족했다면 필라델피아의 작은 상점에 머물러 세계 굴지의 거상이 될 길은 열리지 않았을 것이다. 마셜 필드는 피츠버그의 작은 가게에서 일하고 있을 때 가게 주인에게 "너는 장사꾼으로 성공할 수 없어."라는 말을 들었지만 그는 꿈을 현실로 이룬 자신의 모습을 끝없이 상상했다. 스스로에게 "기회의 땅 시카고로 가자."고 다짐하고 출세의 계단을 뛰어올랐다. 그의 실패를 예언했던 가게 주인 따위는 쳐다볼 수도 없을 만큼 높은 곳에 올라 있었다.

갖가지 성공 이야기의 공통점이 있다. 그들은 무의식적이기는 하지만 그 법칙에 거스르지 않게 행동하고 성공한 것이다. 앤드류 카네기를 필두로 한 수많은 억만장자도 마찬가지다. 그들은 가난에서 벗어나 막대한 부를 축적하거나 자기가 속한 분야의 정상에 섰다.

부를 목표로 삼고, 그 목표를 관철시키기에 충분한 기개와 결의, 자신감을 가지고 있었기 때문에 그 목표를 달성할 수 있었다. 하지만 아쉽게도 많은 사람들은 그 목표에 도달하기 전에 목표와 타협하고, 정신적으로 위축돼버린다.

단순히 가난에서 벗어나기만 원한다면 부를 최선의 목표로 삼는 것과는 판연히 다른 결과를 낳는다. 다른 희망이 생겨나지 않을 정도로 부를 얻는 데 마음을 집중시키는 것과 끝없이 가난을 생각하다 결국 가난을 숙명으로 받아들이고 그곳에서 벗어날 기력을 잃어버리는 것과는 천지차이다.

경제적으로 실패한 사람은 정신적으로도 실패한다. 그들은 절망이라는 마음의 병에 걸려 있다. 정부는 병원과 마찬가지로 가난이라는 병 전문기관을 만들어야 한다. 가난한 병에 걸린 환자는 마음의 전문가를 필요로 하고 있다. 그들은 인생의 길을 방황하고 있으므로 올바른 길로 되돌려주지 않으면 안 된다. 마음의 방향을 바꿔 어둠이 아니라 빛을 향해 걷게 하지 않으면 안 된다. 부의 파이프를 막히게 해 좁은 마음으로 부의 유입을 단절시키고 있다는 것을 깨닫게 하지 않으면 안 된다.

단 1년이라도 좋다. 마음속에서 가난한 사고를 털어버리고 슬픔과 절망만 하지 말고 부를 생각하고, 부를 이야기하고, 부를 얻을 수 있는 인간으로서 행동할 수 있다면 인생은 확 바뀌고 말 것이다. 마음 자세를 완전히 바꿔 1년 동안 부만을 끝없이 생각할 수 있다면 모든 면에서 인생이 바뀔 것이고 물질적인 환경도 극적으로 개선될 것이다. 의욕이 넘치면서 새로운 인생관과 주변 모든 것이 상승기류를 탈 것이며 단숨에 변화시킬 것이다. 표정은 밝아지고, 행동도 쾌활해진다. 눈동자는 빛나고 미래에 대한 희망을 품고 일하게 돼 스스로도 놀랄 만큼 진보할 것이다.

천연 자원 개발의 필요성이 주장되고 있지만 그것보다도 인간이라는 자원 개발이 늦어지고 있는 것이 훨씬 중요한 문제이다. 현대인은 누구나 인류를 중노동에서 해방시키고, 행복을 실현시킬 비밀을 묻어버리고 있다. 우리는 지금까지 사물의 겉모습만 보고 살아왔다.

지금이야말로 겉모습이 아니라 내면을 맛볼 때이다. 우리는 스스로 내면의 힘에 눈을 뜬 것이다. 부의 법칙을 익힌 사람들이 나타나고 있다. 부의 법칙에 따라 생각하고 행동한다면 부의 자력을 몸에 지니는 것도 그들의 몸을 통해 나타나기 시작한다.

　가난으로 인한 한계와 굴욕으로 고통 받는 사람들이 이 책을 읽고, 부의 습관을 몸에 익히고, 부자의 사고를 유지함으로써 자신은 성공할 수 있고, 자신은 부를 얻기 위해 태어났다는 것을 잠재의식 속에 각인할 수 있다면 이미 부의 법칙에 대한 기본을 익혔다고 할 수 있다. 그런 승자의 마음을 가지고 인생을 대한다면 그 어떤 역경도 이겨낼 수 있다.

나 자신을 믿어라

지향하는 것에 대한 이미지를 가능한 구체적이고 선명하게 연상하는
습관만큼 목표 달성에 도움이 되는 것은 없다.

마셜 필드 사의 전 매니저 고든 H. 셀프릿지는 런던에 진출해 마셜 필즈와 같은 대형 백화점을 세웠다. 이것은 오랜 꿈이 완성된 순간이었다. 영국에 출점하기 훨씬 전부터 그의 마음속에는 이미 이 백화점이 완성돼 있었다. 대서양을 건너기 전부터 그의 마음속 눈은 이 백화점의 성공이 보였다. "개점하자마자 손님들이 넘치는 것이 보였다."고 그는 말했다.

런던 진출에 대한 생각이 떠오른 뒤로 셀프릿지는 백화점의 완성도를 끝없이 상상했다. 실현에 대한 강한 의지를 가지고 그 꿈을 여러 방면으로 연상했다. 의심하거나 두려워하지 않음으로써 꿈을 위축시키거나 아이디어를 말라비틀어지게 하지 않았다. 지인들이 영국인은 새로운 것에 관심이 많지 않아 "영국에서는 성공할 수 없을 것이다."라는 충고를 해주었으나 귀담아 듣지 않았다. 그는 그들이 말하는 것만큼 영국이 보수적이지 않다고 생각했다. 미국적인 것, 마셜 필즈적인 것에도 관심을 보일 것이다, 미국에서 성공한 방법은 영국에서도 성공할 것이라 확신했다.

셀프릿지 백화점은 호평을 얻었고 지금은 런던의 명물 중 하나가 됐다. 이것 또한 꿈을 품고 비전을 가진 사람이 그것을 막으려 했던 사람들의 조언을 뿌리친 한 예이다. 남녀노소를 막론하고 위대한 업적을 이룬 사람은 모두 꿈을 꾸는 사람이었으며, 꿈을 현실로 이룰 수 있는 사람들이었다. 그들은 목표가 실현되기 훨씬 전부터 목표를 달성한 자신의 모습을 끊임없이 상상했다.

위대한 발명가, 과학자, 탐험가, 자선가, 철학자 등 세상의 발전과 인류의 행복에 수많은 공헌을 한 사람들은 모두 꿈을 구체적으로 연상하고 있다. 신대륙을 발견한 콜럼버스나 증기기관을 발명한 스티븐슨, 고무의 열 가류법(加硫法: 고무에 유황을 혼합하여 고온으로 가열하는 방법)을 발명한 찰스 굿이어, 재봉틀을 발명한 엘리어스 호, 증기선을 발명한 로버트 플턴, 대서양 해저 전신 사업의 사일러스 W. 필드와 에디슨, 벨 등도 마찬가지였다. 때로는 빈곤, 박해, 야유, 적의 등의 모든 굴욕을 맛보면서도 그들은 비전을 포기하지 않고 결국 꿈을 실현시켰다.

내가 성공한 사람의 삶의 방식을 연구하는 과정에서 발견한 것은 그들의 대부분이 목표로 삼는 것은 강렬하고 선명하게 연상한 사람들이었다는 것이다. 근면함과 동시에 꿈을 꾸는 사람이며 그것이 실현될 때까지 집요할 정도로 비전을 품고 있었다. 그것은 모래 위의

누각처럼 위험천만한 것이었을지도 모르지만 그 바탕에는 실현이라는 튼튼한 토대가 있었다.

소프라노 가수 릴리안 노디카는 가난한 집안 출신으로 고향 메인 주에 있는 작은 교회의 성가대에서 노래를 부르고 있었다. 고향 사람들은 그녀가 콘서트와 오페라 무대에 나서는 것조차 의심했지만 그녀 자신은 외국에 나가 유럽 왕족들 앞에서 노래를 부르는 가수를 꿈꾸고 있었다.

정치가 헨리 클레이는 젊었을 때 버지니아 주의 농가에서 동물들을 앞에 두고 연설 연습을 하면서 언젠가는 웅변의 힘으로 수많은 청중들을 압도하는 꿈을 꾸고 있었다.

조지 워싱턴은 12살 때부터 재력과 지도력이 뛰어난 리더, 식민지의 운명을 결정하는 중요한 인물, 그리고 신생 미국의 통치자가 된 자신을 꿈꾸고 있었다. 카네기는 젊을 때 철강 계의 거물이 되는 날을 꿈꾸고 있었다.

꿈을 구체적으로 연상하는 것은 허영도 자만도 아니다. 자신의 틀을 깨고, 눈에 보이는 세계를 뛰어넘어 보다 높은 곳에 도달할 수 있도록 자신도 모르는 사이에 신이 뒷받침 해주고 있다. 성서에서도 비전이 없는 민족은 멸망하고 말았다. 눈에 보이는 세계를 뛰어 넘어 가능성으로 충만한 보이지 않는 세계를 바라볼 수 없는 사람, 꿈꾸는 이상을 명확한 비전으로 연상하지 않는 사람이 평범한 틀을 깬 적은 없다.

눈에 보이는 세계에 지금까지 존재하지 않은 것을 생생히 연상하고 다른 사람이 생각조차 하지 않은 것에서 기회를 만들어 내고, 잡초밖에 자라지 않는 황량한 대지에 수많은 사람들이 모여드는 번화한 도시를 구상하고, 다른 사람이 좌절과 한계에 부딪혔을 때 보이지 않는 곳에서 힘과 부, 풍요로움과 성공을 이끌어내는 사람이 마지막 정상에 올라 승리를 손에 쥐게 된다.

상상력과 눈에 보이지 않는 것을 이미지로서 묘사하는 힘은 뇌의 근간에는 없는 2차적 기능이라 여기며 무시하는 사람도 많다. 하지만 나처럼 마음의 법칙을 탐구해온 사람에게 있어 그것은 마음의 가장 중요한 작용중의 하나이다. 눈에 보이지 않는 것을 연상하는 비주얼라이제이션의 능력은 말하자면 광고와 같은 것으로 만물을 창조한 신이 날 때부터 우리에게 그 권리를 선물한 것이다. 바꿔 말하자면 비전은 미래에 대한 예언, 우리가 실현할 것에 대한 완성 예상도와 같은 것이라 하겠다.

물론 꿈이나 비전이라는 것은 희미하게 마음속에 떠오른 사고나 허풍과는 다르다. 그것은 마음속으로부터의 소망, 동경, 집착에 꿈으로 나타나는 미래의 이미지며 어떡해서든 실현하지 않으면 안 되는 본능적 충동인 것이다. 그런 비전의 배후에 신이 있다.

자연은 우리 마음의 스크린에 우리의 미래를 살짝 엿보이는 영상을 투사하고 있는 것이다.

많은 사람이 쓸데없는 시간을 낭비하는 것은 마음속의 비전과 소망을 차분하게 키우지 않기 때문이다. 건물을 세우기 전에 설계도가 필요한 것과 마찬가지로 비전과 꿈의 계단을 한 계단 한 계단 올라

가지 않으면 안 된다. 대리석에 조각을 하기 전에 조각가의 마음에는 이미 그 형상이 완성돼 있다.

끊임없는 비주얼라이제이션, 포기하지 않는 꿈의 탐구가 얼마만큼 마음의 파워를 만들어 내는지 우리는 전혀 모르고 있다. 마음에 갈망을 키움으로서 마음의 그림은 더욱 더 확실하고 선명해져 미래에 대한 인생설계를 돕고 윤곽과 디테일을 보충하여 우주의 보이지 않는 에너지에서 인생의 건축 재료를 찾게 해준다. 이런 것을 우리는 알지 못하고 있다.

지향하는 것에 대한 이미지를 가능한 구체적이고 선명하게 연상하는 습관만큼 목표 달성에 도움이 되는 것은 없다. 그렇게 해서 우리의 마음은 자력을 띠게 된다. 목표를 향해 강한 인내심으로 집중함으로써 경이적인 성과를 거둔 사람들이 우리 주변에는 많이 있다.

모든 피조물에 그 가능성을 극한으로 높일 수 있는 보편적인 창조능력이 존재한다. 그것은 당신에게 잠재되어 있으며 당신의 도움을 받아 활약할 기회를 기다리고 있다. 이것을 이용하기 위해서는 먼저 이루고 싶은 이상, 되고 싶은 인물상, 손에 넣고 싶은 것을 구체적으로 연상해야 한다. 처음에 이런 작업이 없다면 이후로 창조 작업은 앞으로 진행되지 않는다.

단순한 작업을 하고 있더라도 동경하는 인물상을 연상하고 동경하는 지위에 올랐을 때를 상상하자. 원하는 것을 끌어당기기 위해 목표를 연상하고, 꿈을 품고, 이상의 지위에 오른 이상적인 자신을 상상하는 것만큼 효과적인 방법은 없다.

무슨 일이 있더라도 나는 되고 싶은 사람이 되고 하고 싶은 것을 할 수 있다고 믿어라. 그리고 인생에서 바라는 모든 것을 이룬 자신을 연상하라. 현재는 눈앞의 일에 쫓기고 성공을 방해하는 것들에 둘러싸여 있고, 주변사람들의 오해를 받아 어리석은 놈, 이기적인 사람이란 소릴 들을 수도 있지만 꿈을 향해 자신을 확실하게 믿어야 하며 비전을 잃지 말고 그것을 키워야 한다. 신은 비전을 통해 당신이 인생을 구축하기 위한 모형을 제시하고 있기 때문이다.

이런 것들을 실행했다면 이번에는 현실 세계에서 목표를 실현하기 위해 전력투구 하라. 그러면 그 무엇도 당신의 성공을 방해할 수 없을 것이다.

절망에 지지 마라

아무리 힘들어도 희망을 버리고 절망에 몸을 기대는 것은 좋지 않다.

프랑스의 한 철학자는 "절망은 신의 수단과 방법을 방해한다."고 했지만 실제로는 절망은 신조차 멀어지게 한다. 절망은 우리의 능력, 용기, 자신을 무력화시켜 재능을 파괴한다.

절망이 얼마나 병을 깊게 만드는지 의사들은 잘 알고 있다. 회복이 늦어지고 때론 두 번 다시 일어설 수 없게 된다. 쾌활하고 치유의 희망으로 가득한 환자가 어둡게 풀이 죽은 환자보다 10배 이상 회복할 확률이 높다. 절망은 사람을 무기력하게 만든다. 희망도 활력도 없이 낙담한 정신만큼 마음의 병을 가져다주는 건 없다.

불황으로 직장을 잃은 한 가장이 있었다. 그는 매일 아침 일찍 직장을 찾아 나섰다가 낙담한 채 밤늦게 돌아오기 일쑤였다. 그러나 그는 언젠가는 반드시 직장을 찾을 수 있다고 생각하며 결코 희망을 잃지 않았다.

몇 주가 지난 어느 날, 늦도록 돌아오지 않는 남편을 아내가 창가에 서서 기다리고 있었다. 어두워지자 커튼을 치고 마음을 진정시키려 집안일에 몰두할 무렵 돌아온 남편을 보고 뭔가 낙담할 만한 일이 있었다는 것을 느꼈다. 그는 이전처럼 희망을 가지지 못했다. 저녁식사를 마치고 아내는 남편을 위로하며 침대에서 쉬게 했다.

다음 날 아침, 남편은 활기찬 목소리로 외출 준비를 마치고 "다녀올게" 하며 아내에게 말을 건넸지만 이전처럼 자신에 넘쳐 있지 않다는 건 분명했다.

그날 밤도 창가에서 남편의 귀가를 기다리던 아내는 돌아온 남편이 혼자가 아닌 걸 보고 깜짝 놀랐다. 수상하고 음기를 띤 인물이 다가와 계속해서 남편에게 말을 거는 모습을 보았다. 그런데 문 앞에 도착하자 그 사람은 순식간에 모습을 감췄다. 다음 날 밤에도 같은 인물과 함께였다. 남편의 얼굴이 절망으로 물들어버린 걸 보고 아내는 당황스러웠다. 그 다음 날 밤에도 남편의 귀가를 기다리고 있었지만 밤이 늦도록 남편의 모습은 보이지 않았다. 아내는 두려움에 떨면서 긴 밤을 꼼짝도 하지 않은 채 창가에서 지샜다. 밤이 새도록 남편의 모습은 보이지 않았고 아무런 소식도 없었다.

이웃 사람들이 잠에서 깨어나기 시작하자 그녀는 곧장 신문을 사러 달려갔다. 가장 먼저 눈에 띈 것은 한 남자가 강에서 뛰어내려 익사했다는 기사였다. 아내는 심장이 내려앉는 듯 했고 곧장 신문에 난 시신 안치소로 달려갔다. 예상은 적중했다. 시신은 남편이었다.

이 남자의 마지막 날들을 보면 절망은 그에게 딱 달라붙어 '직장을 찾는 게 허사다, 있을 리 없다'고 속삭였을 것이다. 이렇게 그의 절망은 실제로 이루어졌고 예리한 아내의 눈에도 실체로 비친 것이다.

내가 알고 있는 사람 중에서도 비관과 절망으로 의기소침한 채 어깨를 축 늘어뜨리고 미래에 대한 가능성과 인생의 행복을 위험에 빠뜨리고 있는 사람이 많다. 그들은 실업으로 절망에 빠져 최악을 연상하고, 자신에게 주어진 아름다운 정원을 외면한 채 망연자실 거리를 떠돌고 있다. 그들은 자신들이 만들어낸 어두운 세계에 빠져 주변에 태양 빛이 비추는 밝은 세계가 있다는 것을 깨닫지 못하고 있다.

카라일(1795~1881, 영국의 평론가·역사가)의 말처럼 분명히 "낙담할 만큼의 힘은 주어졌다."고 하는 사람도 있을 것이다. 하지만 불안과 절망이 체내에 화학 변화를 일으켜 독소를 만들어내는 것은 잘 알려진 사실이다. 독소는 마음과 몸의 저항력을 떨어뜨려 온갖 불행을 불러들인다. 현대인의 대부분이 건강을 해치고, 가난 속에서 불만과 처참함을 참고 살고 있다. 두려움과 불안 때문에 절망에 빠지지 않는다면 멋진 일을 해냈을 사람들이……. 그들의 마음은 비정상이 되어 일을 제대로 처리할 수 없게 된다. 그들의 마음은 최악의 미래를 예상하는 것과 과거의 실수에 대한 후회로 갈기갈기 찢어져버렸기 때문이다.

내 일에서 가장 힘든 것은, 기운을 잃고, 목표를 잃은 사람들의 비통한 외침을 듣지 않으면 안 된다는 것이다. 일에 실패해 지금 절망

속에 빠져 있다고 호소하는 편지가 수없이 많이 도착한다.

"순간의 실수로 일을 그만두어야 합니다.", "향수병에 걸려 대학을 그만두게 되었습니다.", "조금만 더 참고 하던 일을 계속했더라면 상황이 얼마나 달라졌을까요? 그 때문에 우울증에 걸려 절망하고 안이해졌습니다. 일을 그만두면서부터 즐거움도, 만족도 느낄 수 없습니다. 하지만 이미 모든 게 늦었습니다." 등등

아무리 힘들어도 희망을 버리고 절망에 몸을 기대는 것은 좋지 않다. 한순간이라도 풀이 죽어서는 안 된다는 건 아니다. 다만 희망을 잃고 목표에서 눈을 돌리거나, 의욕을 잃지 않도록 노력해야 할 것이다. 절망이란 녀석은 자기를 닮은 친구와 쌍둥이 형제가 많이 있어서 어느 사람의 마음에 자리 잡기 시작하면 온갖 시정잡배와도 같은 부정적인 생각들을 불러 모은다.

성공을 방해하는 최대 장애물은 마음속에 있다. 유해한 생각을 지워버리는 특효약은 어둠이 아니라 빛을 향하는 훈련을 하는 것이다. 그런 마음의 화학 반응을 이용해도 여전히 파괴적이고 유해한 사고를 극복할 수 없는 사람은 거의 없다.

밝은 것만 생각하면 산이 알칼리로 중화되듯이 절망 따위는 한순간에 사라져버린다. 마음의 법칙은 물리의 법칙처럼 과학적이다. 사람은 동시에 두 가지 상반된 생각을 가질 수 없다. 반드시 어느 한쪽이 나머지 한쪽을 중화시키거나 배제시키고 만다. 부정적이고 파괴적인 공포심도 반대 것을 생각한다면 쉽게 쫓아버릴 수가 있다.

위대한 심리학자 윌리엄 제임스는 "기운을 차리는 데 대화는 중

요한 요소다."라고 말했다. 역으로 "하루 종일 울적하고 한숨만 쉬거나 기어들어가는 목소리로 말한다면 절대로 우울증에서 벗어날 수 없다."고 한다. 다시 말해 사고와 행동에 따라 활기를 끌어당길 수도 절망을 끌어당길 수도 있다는 것이다.

실업으로 일을 찾지 못하고 있다, 불운이 겹쳐 수입이 끊어졌다, 지금 환경에 익숙하지 않다, 엄청난 실수를 범했다 등 어떤 원인 때문에 낙담하고 도망치고 싶어졌을 때 풀이 죽어 걷지 말고 바로 생각을 전환시켜 인생의 승리자처럼 행동하자. 그리고 스스로에게 말하자. "나는 실패하기 위해 태어난 게 아니다. 내가 가진 힘을 총동원해서 하고 싶은 일을 하고, 원하는 지위에 오르고, 필요한 것은 모두 손에 넣겠다. 나는 실패를 용납하지 않는다. 항상 뭔가를 해서 목표에 한 걸음 더 다가간다. 그러므로 나는 성공에 다가가고 있다."라고.

이런 마음가짐을 흔들림 없이 유지할 수 있다면 놀랄 만큼 기운이 넘치며 어떤 시련도 문제가 되지 않을 것이다.

동서고금을 막론하고 대단한 배짱과 엄청난 자신감을 가지고 성공을 의심하지 않았던 사람들이 위대한 승리를 차지해왔다. 모든 사람이 포기한 상황에서 위기를 극복한 예는 너무 많아 열거할 필요도 없다. 동료들이 패배를 예상하였지만 승리에 대한 강한 의지를 가진 사람이 승리를 거머쥐었다.

제1차 세계대전 말, 영 · 불 연합군의 사령관이었던 프랑스의 포슈 사령관은 이길 수 없다고 생각하면 전쟁에서 절대 이길 수 없다고 했다.

위대한 사령관은 "자네들은 질지도 모르네. 하지만 우리 부대는 지지 않아."라고 두려움에 떨고 있던 사병들을 향해 말했다고 한다. 당신 주변에도 이런 사람이 있을지 모른다. 당신이 보기에는 터무니 없이 부족해 보이는 예산으로 일을 성공시키는 사람, 당신보다 능력은 낮지만 당신이 보기에 절망적인 상황에서 커다란 기회를 찾아내는 사람도 있다는 것을, 한 위대한 과학자는 이렇게 말했다. "도저히 넘어설 수 없을 것 같은 장벽에 부딪쳤을 때일수록 중요한 발견에 다가갔다는 증거다."

미래가 불투명하고 앞이 보이지 않을 때일수록 그 어느 때보다 신념과 용기가 필요하다. 모든 게 뜻대로 되지 않을 때, 불안과 절망에서 벗어나고 싶을 때, 그래도 목표를 향해 매진해간다면 결국 그것이 승리의 지름길이었다는 것을 깨닫게 된다.

눈앞에 펼쳐진 장애에도 불구하고 자신의 힘을 계속 믿는다면 그 누구도 당신의 마음을 흔들 수 없다. 왜냐하면 당신은 항상 승리하는 전능한 신과 함께 걷고 있기 때문이다.

"나는 힘을 나약하게 하고, 희망과 야망을 깨고, 에너지를 파괴하고, 기회를 날려버린다. 나만큼 고뇌, 재해, 죽음, 비극, 불행을 불러들이는 존재는 없다. 세상에 나만큼 많은 사람을 저주하고, 그 재능의 개화를 막고, 천재의 숨통을 끊고, 유능한 사람들을 억제하는 존재는 없다. 사람들의 생명을 단축시키고, 많은 사람들을 범죄자로 내몰고, 자살로 내몬다. 뇌내의 화학 변화를 일으켜 능률을 떨어지게 해 출세의 길을 막는다. 나만큼 인류의 좋은 것, 그들의 본성에 맞는 것, 그들이 즐거워할 것들을 강탈한 존재는 없다. 사람은 누구나 당당하고 아름다운 옷을 걸치고, 매력적이고 행복하게 살 권리가 있음에도 불구하고 많은 남녀가 나로 인해 가난하고 초라해졌다.

나는 희망의 태양을 가리기 때문에 내 영향력 아래 놓인 사람들은 삐뚤어진 빛 아래 살며, 그림자밖에 볼 수 없다. 사람들은 나로 인해 활력을 잃고, 병약해진다. 내가 사람의 의식에 약간의 그림자만 드리우면 아무리 의욕에 넘치는 천재라 할지라도 파멸하고 만다. 나는 마음을 병들게 하고, 성장을 멈추게 하고, 수많은 사람을 무지의 어둠 속에 밀어 넣는다. 나는 낙담한 사람들, 피로에 지쳐 기운이 빠진 사람들을 노린다. 그런 사람의 마음을 파고드는 건 아주 쉽다. 기력을 잃고, 머리 회전도 되지 않고, 과감하지도 않기 때문이다.

나는 사람들을 기만하는 사기꾼이다. 일단 사람의 마음을 파고들면 자신은 형편없다, 틀렸다고 믿게 해버린다. 자존심을 잃고 평범함에 만족하게 한다.

나는 '의혹'이라는 쌍둥이 형제가 있다. 그는 위대한 배신자라 불리며 내가 힘을 발휘하는 걸 도와준다. 우리가 협력한다면 인간은 재주도, 개성도, 능력도 발휘할 수 없다.

뭔가 새로운 일을 하자, 평범한 길이 아니라 새로운 길을 개척하자고 결심한 사람의 마음에 나는 파고든다. 그리고 그들의 용기를 갉아먹고, 정열을 식히고, 무력감을 느끼게 한다. 나는 그들의 귀에 속삭인다. '어깨의 힘을 빼라. 조심해라. 너보다 훨씬 능력 있는 사람이 네가 하려고 했던 일로 수도 없이 망했다. 아직 때가 아니다. 때를 기다려라' 라고.

우리는 한 군데도 좋은 데가 없다. 그런데도 인류의 능력을 최대한 꽃피우게 하는 온갖 아름다운 것과 비교해도 나만큼 그들에게 영향력을 행사할 수 있는 자는 없다. 내 이름은 '절망' 이다."

잠재의식을 활용하라

> 잠재의식에 당신의 목표를 새겨둘 것. 되고 싶은 사람의 인물상을 새길 것.
> 그것이 목표 달성을 위한 첫 걸음이다.

잠들어 있는 사이 몸은 의식을 벗어나 자발적 반응을 할 수 없게 된다. 그렇다면 몸이 잠들어 있는 사이 마음은 어떡하고 있을까? 마음은 잠들지 않는다. 몸이 잠들어 있는 사이 기억과 상상력은 몸을 벗어나 자유롭게 돌아다니며 과거의 장면을 떠돌거나 미래로 여행을 떠나기도 한다. 잠들어 있는 사이 마음은 육체에서 완전히 자유로워지는 듯하다.

수면 중에 우리 내면의 위대한 힘은 활동하며, 이것을 이해하고 바르게 활용한다면 능력을 최대한으로 발휘할 수 있다.

이 파워의 원천을 활용할 수 있다면 기적과 같은 일을 이뤄 지금까지 경탄과 칭찬의 대상이었던 것들이 문제가 되지 않을 정도로 엄청난 일을 할 수 있다.

이 잠재의식의 파워를 얼마나 현명하게 의식적으로 사용할 수 있는가에 따라 결과는 크게 달라진다. 잠재의식에는 우리의 모든 사고, 감정, 소망이 보이지 않는 창조력의 덩어리가 끝없이 기록되어 있다. 잠재의식은 항상 잠들지 않은 채 표면의식과 객관적 사고로 받는 자극에 끝없이 반응하고 있다. 습관적인 사고, 확신, 비전, 꿈, 신념 등은 모두 이 잠재의식에 새겨져 있어 최종적으로는 당신의 현실에 반영되어간다. 바꿔 말하면 잠재의식은 하인처럼 일의 대소 선악을 막론하고 명령만 내리면 그것이 무엇이든 묵묵히 따르는 것이다.

예를 들어 아침 일찍 열차를 타고 싶다거나 혹은 사정이 있어 새벽에 일어나고 싶다고 하자. 자기 전에 "열차 시간에 맞게 6시에 일어날 것", "새벽 1시에 일어날 것"이라고 스스로 되새긴다. 혹은 그런 생각을 마음속에 그린다. 그러면 평소에 일어나지 않는 시간대이지만 그 시간에 맞춰 눈이 떠진다. 자명종 시계도 모닝콜도 필요 없다. 어째서 그 시간에 일어날 수 있을까? 그 이유를 생각조차 해보지 않았을 수도 있다. 하지만 그것은 당신이 잠들어 있는 사이 충실한 잠재의식이 시간을 재주고 있었기 때문이다.

약속에 대해서도 마찬가지다. 어떤 사람이 내일, 혹은 다음 주, 어떤 장소에서 만나기로 되어 있다고 하자. 메모를 하지 않아 완전히 잊고 있었다. 그런데 그 시간이 되자 희한하게 약속이 생각난다.

우리는 오랜 경험을 통해 우리 속에 무언가가 시간에 맞춰 약속을 의식에 떠오르게 한다는 것을 알고 있다. 계속 그 일을 생각하고 있는 게 아니고 파일을 책장에 꽂아두듯이 잊어버린다. 완전히 머릿속에서 사라져도 그 시간이 되면 기억이 난다는 것을 알고 있는 것이다. 나와 친한 한 수학자는 아무리 풀어도 도저히 안 풀리는 수학 문제는 일단 덮어둔다고 한다. 그렇게 그 문제를 잊고 지내다가 하루 이틀쯤 후에 다시 그 문제를 꺼내 들면 거짓말처럼 술술 풀리는 적이 많다는 거다. 그건 일단 문제를 의식 속에 입력한 뒤 덮어놓은 후 잠재의식으로 하여금 풀게 만드는 방법이다. 합리적이고 예리한 두뇌활동을 필요로 하는 수학조차도 잠재의식으로 문제를 해결할 수 있으니 우리 의식 속에 벌어지는 다른 문제는 말할 것도 없다.

익숙해지면 마치 비서에게 명령하듯이 모든 것을 잠재의식에 맡길 수 있게 된다. 잠재의식은 정해진 시간에 깨우거나 약속을 떠올리게 하는 등의 사소한 일에서부터 좀더 큰 일에 이르기까지 충실하게 보좌해준다.

실제로 위대한 업적을 이룬 사람들을 보면 의식·무의식적이든 성공의 법칙을 따를 뿐만 아니라 잠재의식에 많은 주의를 기울여 끈기 있고, 충실하게, 목표를 향해 노력하고 있다.

에디슨은 아이디어가 떠오르지 않을 때 무조건 잠을 잤고 아침에 일어나보면 생각지도 못한 방법이 떠올랐다고 한다. 수많은 발명 중 일부가 이렇게 고안된 것들이다.

실제로 내면의 창조력은 낮보다 밤에 활발하게 작용한다. 특히 잠들기 직전에 들어온 정보에는 민감하게 반응한다. 수면 중에는 표면의식이 쉬고 있어 낮처럼 의문을 품거나 방해받는 일이 없어 잠재의식은 논스톱으로 활동할 수 있다. 따라서 잠들기 전 이 잠재의식에 올바른 메시지, 올바른 일의 지시를 내리는 것은 상당히 중요하다고 할 수 있다. 의심과 절망을 품은 채 잠이 들면 안 된다. 낮이든 밤이든 창조의 예지를 방해해서는 안 되지만 잠들기 전에는 특히 중요하다. 의심은 많은 사람에게는 노력과 성공을 수포로 돌아가게 하는 장본인인 것이다. 잠자리에 누워 이미 '내일 늦잠을 자면 어쩌지? 내일 일을 그르치면 어쩌지' 하는 걱정을 베개처럼 베고 잔다면 그 다음 날은 반드시 걱정한 대로 된다.

잠재의식의 활용법만 알게 된다면 가난한 사람은 사라지게 된다. 슬퍼하거나, 고통스러워하거나, 통증과 병으로 고민하거나, 꿈이 깨져 불행에 빠지는 일은 사라진다. 따라서 꿈을 실현하고, 풍요롭고 행복하게 살기 위해서는 눈에 보이지 않는 비서에게 바르게 지시를 내리고 스스로 필요한 노력만 하면 된다.

잠재의식에 당신의 목표를 새겨둘 것. 되고 싶은 사람의 인물상을 새길 것. 그것이 목표 달성을 위한 첫 걸음이다.

단, 잠재의식은 우리가 내린 모양과 아이디어를 발전시키는 능력은 있지만 아이디어를 처음부터 떠올리는 건 불가능하다. 그러므로 어떤 재료를 줄지가 매우 중요하다. 잠재의식은 적이 될 수도 있고, 아군이 될 수도 있다. 당신에게 상처를 줄 수도 있고, 공헌할 수도 있다. 일부러 그러는 것이 아니다. 대지에서는 뿌린 만큼만 수확이 가능한 것과 마찬가지로 잠재의식도 차별을 하지 않는다.

다시 말해 잠재의식에게 선택권은 없다. 당신의 리드에 따를 뿐이다. 이 눈에 보이지 않는 하인에게 당신에게 있어 바람직한 것, 해가 되지 않는 것을 지시하는 것이 중요하다. 잠재의식을 유해한 것으로 꽉 채우는 게 아니라 바람직한 것, 손에 넣고 싶은 것으로 가득 채워야 할 것이다.

잠재의식의 무한한 가능성을 의식하는 것이 당신 내면의 무한한 부를 살릴 수 있는 요령이다. 잠재의식에는 힘이 있다. 그것을 잠에서 깨워 활용한다면 타인이 '불가능'하다고 여기는 것을 달성할 수 있다. 지금 당장은 불가능하게 보이더라도 당신이 그것을 원하고 노력만 한다면 당신은 앞으로 그것을 실현할 수 있다.

이것을 이미 알고 있는 사람을 포함해 많은 사람은 자신에게 바라는 것이 너무 적기 때문에 내면에 존재하는 위대함의 문을 강하고 끈기 있게 두들기지 않아 잠재의식에 숨겨져 있는 창조 에너지에 명확하게 각인시킬 수 없다. 우리는 내면의 위대한 존재, 다시 말해 잠재의식을 통해서만 우리에게 주어진 기쁨과 만족감을 맛볼 수 있다. 꿈의 실현에 도달하는 창조 과정은 잠재의식에서 시작된다. 그렇다면 이 위대한 힘을 활용하지 않는 게 오히려 이상한 일 않을까?

잠재의식의 작용을 지배하는 법칙에 거스르지 않고 따른다면 성공은 틀림없이 오게 된다. 잠재의식에 바른 사고, 바른 지시, 바른 이상을 전달해 활용하자. 좌절사고가 아니라 성공사고, 어둡고 절망적인 사고가 아니라 밝고 희망찬 사고를 입력하자. 어떤 상황에서라도, 어떤 장애가 가로막더라도, 끈기 있게 활기찬 성공 이미지를 연상하자.

두려움, 불안, 시기, 증오 등의 사고를 품는 것은 자기 능력을 스스로 도둑질하는 것이다. 그런 감정은 당신 마음의 평안, 당신의 능력, 활력, 자신감, 안심을 앗아가 버린다.

강도가 당신의 집을 쑥대밭으로 만들면 좋겠는가? 그렇다면 왜 이런 유해한 사고에 마음이 엉망진창이 되는 걸 바라만 보고 있는가? 작은 꿈만 품고 있다면 마음이 좁아지고, 미래는 어둡고, 활동 범위도 작아진다. 자기 자신과 자신의 미래, 능력을 얼마나 믿고 있는지 언젠가 당신의 업무 태도에 나타나게 된다.

되고 싶은 것, 손에 넣고 싶은 것을 믿어라. 희망, 신뢰, 기대는 부를 얻기 위한 커다란 원동력이다. 그런 마음가짐은 아주 먼 곳에서 기회를 깨닫게 해주기 위한 미래를 비쳐주는 서치라이트이다.

어떤 목표건 성공할 수 있다고 항상 의식한다면 잠재의식은 당신이 전달한 이미지에 따라 창조 활동을 진행시켜 그 어떤 소망이라도 이루어줄 것이다.

'운'을 기다리며
인생을 허비하지 마라

자신을 높이 평가하자. 자신의 능력을 인정하고 자신을 소중히 여기자.

운명의 변덕스러움을 믿고 원인 없는 결과가 있을 수 있다는 것을 믿을수록 부와는 점점 멀어진다. 앞서 언급한 토끼와 거북이의 경주를 토끼 입장에서 생각해보자. 토끼가 누구에게도 뒤지지 않을 뛰어난 재능을 가지고 있으면서도 거북이에게 패배했을 적에 그 원인은 어디에 있을까? 하필이면 그때 잠이 와서? 그렇다면 운이 없어서였을까? 아니다. 목표의식을 잃은 채 중요한 순간에 자기 재능을 썩혔기 때문이다. 그럼에도 불구하고 정말로 많은 사람들이 문제 해결을 운에 맡기고 있다. 노력과는 관계없이 어떤 사람에게는 행운을, 어떤 사람에게는 불운을 가져다주는 신비한 뭔가에 선택받는 것을 그들은 끝없이 기다리고 있다. 인생의 어려운 문제 해결을 운명에 맡기는 것은 수학 문제를 운에 맡기고 푸는 것과 마찬가지다.

당신의 운명을 지배하는 것은 당신 자신이다. 당신의 문제를 해결하는 것은 모두 당신 내면의 힘인 것이다. 행운도 불행도 자신에게 달렸으며 인생은 도박이 아니다. 아니, 도박이라 할지라도 전적으로 운에만 의존하는 게 아닌데 하물며 인생을 운에 맡기는 것만큼 무모한 짓은 없다.

당신의 내적 힘은 당신을 쓰러뜨리려고 하는 그 어떤 힘보다 강하다. 당신이 부모로부터 어떤 결점을 물려받았건, 어떤 역경 속에서 태어났건, 당신의 힘은 그것보다 훨씬 강하다.

어떤 처지에 있든 당신의 내면에는 그 어떤 가혹한 운명도 박차고 일어설 힘이 있다. 당신 자신이 당신의 운명인 것이다.

칼럼니스트 베아트리스 페어팩스는 "운이란 기회를 찾고 그것을 활용하는 능력이다."고 말했다. 이 말이 맞다면 분명 '운'이란 존재할 것이다. 하지만 내가 생각하는 '운'이란 바로 이런 것이다. 철도 사고와 같은 대참사에서 누구라도 할 수 있는 아주 작은 행동만으로 유명해지는 사람이 있다. 하지만 그 사람이 기회를 포착하고 재빨리 행동할 수 있었던 것은 '운'이 좋아서가 아니라 그 사람이 평소부터 결단력을 키우고 있었기 때문이다.

자신은 운이 나쁘다고 한탄하고 있는 것은 사실 약한 마음과 나쁜 습관이 당신의 노력을 허사로 만들고 바라던 부를 멀어지게 하고 있기 때문일 수도 있다. 당신에게는 앞길을 가로막는 돌덩이 같은 나쁜 습관이 있을지도 모른다. 단순히 준비 부족, 훈련 부족, 꿈을 지탱해 주는 튼튼한 바탕이 없는 것일지도 모른다. 혹은 무슨 일이 벌어지든 즐거움을 최우선으로 삼아온 결과일지 모른다.

행운이란 이와 정반대의 것이다. 성공한 사람은 모두 강한 의지, 인내력, 만전의 준비, 명확한 목적의식이 운을 끌어당겼다는 것을 알고 있어야 한다.

운은 기회와 마찬가지로 그것을 추구하고 준비하는 사람에게 찾아온다. 시간을 최대한 유용하게 사용하면 운이 따를 것이다.

충분한 교육을 받지 못했다 하더라도 바쁜 일상 속에서도 대학에서 가르치는 교양을 익히는 것은 가능하다. 한가한 시간에 책을 읽거나 공부를 하자. 수많은 사람들이 이렇게 밤낮을 가리지 않고 끝없이 공부하고 있다. 그리고 무수한 역경과 불우한 환경을 뛰어넘어 세상에 나서고 있다.

'운이 좋은 사람'이라 불리는 사람들의 성공 원인은 대개 평소의 생활태도에서 찾을 수 있다. 그들은 가난과 역경과 싸우며 성공을 얻었다. '운이 좋은 사람'의 대다수는 '운'을 믿지 않는 경우가 많다. 그들은 오히려 '자신'을 믿고 "언젠가 좋아질 거야.", "언젠가 운이 따를 거야." 하며 행운이 찾아오기만을 기다리지 않는다. 오히려 스스로 나서서 행운을 끌어온다.

내 경험에 의하면 승리자의 자질을 가진 사람은 자신은 운이 나쁘다거나, 누군가에게 발목을 잡혔다고 말하지 않는다. 자신 속에 성공의 씨앗을 품고 있는 사람은 반드시 성공하며 그 누구에게도 발목을 붙잡히지 않는다.

운명론자는 흔히 게으르고 향락적이며 자신에게 너그럽다. 운이 나쁘다고 한탄하는 사람은 거의 다 역경을 이겨낼 의지나 기개가 결여된 사람이다.

자신은 운이 강하다, 행운아다, 실수를 하지 않는 이상적인 사람이라고 생각하는 습관을 익히는 것은 매우 유익하다. 자신에 대해 이야기할 때는 되고 싶은 자신, 되고 싶은 상황을 말하라. 그렇지 않으면 원하는 것은 멀어져버리고 원하지 않는 것을 끌어당기고 만다.

자신은 실패자다, 성공은 했지만 어중간하다, 반신반의하면서 행동하면서 만나는 사람 모두에게 "나는 운이 나쁘다.", "어차피 성공할 수 없다.", "성공하는 사람은 운이 좋은 사람뿐이다."라고 떠벌리는 사람은 연기자가 자신의 배역과 전혀 다른 사고 패턴, 행동 패턴을 연기하는 것과 마찬가지다.

건설을 할지 파괴를 할지는 생각과 말에 달렸다. 좌절만을 생각하는 사람은 승자가 될 수 없다. 승리만을 생각하는 사람, 패배 가능성을 생각하지 않는 사람이 승리한다. 처음부터 실패하는 게 운명이다. 운명이니 아무리 노력해도 허사라고 변명하는 사람은 자신을 배신하고 있는 것이다.

자신을 비웃고 자신을 나쁘게 말하는 것은 자살행위다. 언제나 결점만을 떠벌리고 신세한탄만 하고 다니면 무슨 일이든 성공할 수 없다. 자신을 잃고 실력을 발휘하지 못한 채 부정적 사고로 눈가리개를 하고 있는 사람에게는 기회가 보이지 않는다.

자신을 높이 평가하자. 자신의 능력을 인정하고 자신을 소중히 여기자. 이기적으로 생각하는 것이 아니라 신으로부터 물려받은 멋진 자질에 감사하자.

자신을 비하하거나, 운이 나쁘다거나, 남들처럼 될 수 없거나 돈 버는 것도 저축도 잘 못한다고 공언하면 이렇게 스스로 낮춰버린 이상이 결국 당신 인생의 기본 패턴이 되어버린다. 당신 내면에는 조각가가 잠재돼 있어 그 패턴을 따라 작품을 만들고 있다. 따라서 패턴에 결함이 있다면 완성된 인생이라는 작품도 결함이 생기게 되는 것이다.

자기 이미지는 그대로 현실이 된다. 자기 자신, 자신의 능력, 미래에 대한 신념이 그대로 현실이 되어버린다. 그때그때 자신에 대해 생각하고 있는 것이 그대로 당신이라는 사람의 겉모습을 만들어가는 것이다.

자신은 운이 좋다고 항상 생각할 것. "나는 운이 좋은 사람이다, 행운이 항상 따른다, 원래 실패하기 위해 태어난 사람은 없다, 사람은 누구나 승리를 위해 태어난다, 따라서 나도 마찬가지다."고 자신에게 말하라.

자신에게는 결코 멸망하지 않는 신성神性이 잠재되어 있다는 것을. 그것은 부모로부터 물려받은 그 어떤 결점이나 장애, 역경도 초월하게 해준다.

당신을 실패로 몰고 가는 것은 바로 자신이다. 아무리 열악한 상황이라도 당신을 절망시키거나 목표달성을 저지하지 못한다. 그것이 가능한 것은 강한 의지와 자신감이 없는 당신의 나약함이다. 당신을 형편없는 사람으로 만들어버리는 것은 불운이나 역경이 아니라 자신이다. 당신은 성공해서 후세에 이름을 남길 수도 있고 세상에 아무런 공헌도 하지 않은 채 무덤으로 갈 수도 있다. 좋든 나쁘든 운은 당신 자신 속에 있다.

자신을 인생에서 좋은 일을 할 야심과 기회로 가득한 행운아라고 생각하는 습관만큼 당신의 인생을 크게 바꿀 수 있는 것이 있을까? 우리는 사고에 따라 현재의 모습을 하고 있다. 사고의 힘은 전기와 마찬가지로 현실적인 것이다. 사고는 우리가 그에 동조하도록 끝없이 우리를 변화시키고 있다. 우리는 자신이라는 작품을 만드는 건축가, 조각가이다. 우리는 끝없이 자기 자신의 사고, 감정, 인생관에 맞도록 변하고 있다. 항상 자신이 행운아라는 사고를 가지고 있다면 현실적으로 그리 행운이 따르지 않더라도 우리는 모든 것을 최고의 것으로 받아들여 항상 웃음이 끊이지 않고 만족할 것이다.

자신에 대한
기대를 버리지 마라

마음은 기대한 것을 창조한다. 무조건 노력한다고 해서 반드시
목표를 실현할 수 있는 게 아니다.

　　뉴햄프셔의 고등학교를 졸업했을 때 나의 향상심을 가장 많이 자극해주었던 것은 은사님의 말 한마디였다. 학교를 떠나는 내 손을 잡고 선생님은 이렇게 말씀하셨다. "장래에 한 분야에 성공한 인물이 되길 기대하겠다. 실망시키지 마라. 너를 믿는다. 너는 네 성공한 미래가 보이지 않겠지만 내게는 보인다."라고.

　　성공을 지향하는 과정에서 선생님이나, 부모, 친구, 친척 등 누군가가 자신을 믿어주고 큰 성공을 거두길 바란다고 기대해주는 것 이상으로 우리에게 용기를 북돋워주는 게 있다면 그것은 자기 자신에게 기대를 하는 것이다.

　　질 것을 기대하고 전쟁터에 나가는 장수는 지게 마련이다. 장수

의 기대가 전군에 퍼져 사기가 떨어지고 최선을 다해 싸울 수 없기 때문이다. 인생이라는 전쟁터에서도 마찬가지라 할 수 있다. 좌절을 예상하며 인생을 살아간다면 처음부터 난관에 부딪히고 만다. 성공하고 싶다면 당신의 존재 그 자체가 자신감이 넘치지 않으면 안 된다. 매일매일 멋진 일이 일어날 것이라는 기대를 가지고 살아야만 한다.

큰 인물이 되고자 뜻을 품었으면서도 내심 자신은 그다지 큰 인물이 될 만한 자질이 없다고 의심한다면 꿈과는 점점 거리가 멀어진다. 기대와 노력은 일치해야만 한다. 자신은 절대로 행복해질 수 없다, 평생 불만을 품고 고통 속에 살 것이라고 생각한다면 그대로 될 것이다. 바라는 것, 얻고자 노력하는 것을 향해 앞으로 나가지 않으면 안 된다.

기대에는 엄청난 힘이 있다. 기대란 꿈을 실현시킬 수 있다고 믿는 것이다. 낙관적인 기대를 갖는 것만큼 유익한 것은 없다. 믿는 것이 현실이 되고 믿는 것이 창조의 힘을 가져다준다. 집을 짓고 부를 얻는다는 꿈, 사람들에게 영향력을 발휘하고 정의와 사회를 위해 노력하자는 기대, 이보다 창조 의욕을 이끌어내는 것은 없다. 그럼에도 불구하고 쾌적한 생활도, 풍요도, 훌륭한 집도, 멋진 의복도, 여행의 즐거움도, 어차피 자신과는 인연이 없다, 더 높은 계급을 위한 것이라고 착각하고 있는 사람이 얼마나 많은가?

그렇다면 그들은 어째서 '높은 계급'이 될 수 없는 걸까? 그것은 자기 자신을 '낮은 계급'으로 여기기 때문이다. 자신은 열등하다고 생각하고 자신의 한계를 단정 짓고 있기 때문이다.

남이 흘린 것만 챙기고 자기 스스로 뭔가를 얻는 걸 기대하지 않고 세상에서 멋지고 훌륭한 것들은 자신과 인연이 없다고 변명만 늘어놓는다면 그 생각은 바로 적중할 것이다.

아무것도 바라지 않으면서 무언가 얻기를 기대하지 말라.

최근 내게 한 통의 편지와 원고가 도착했다. 편지에는 이렇게 적혀 있었다. "동봉한 원고는 당신이 쓰신 기사와는 비교도 안 되는 것입니다. 아무리 노력해도 당신처럼 훌륭한 글을 쓸 수 없습니다. 이것이 출판될 거라 기대하지 않지만 혹시 몰라 보냅니다."

이 저자는 내게 원고를 보내기 전부터 자신의 원고에 대한 편견을 품고 있다. 자신의 원고는 형편없다, 출판되기는커녕 반송될 것이라고 스스로 말하는 태도는 직장을 구하는 젊은이가 절망적인 표정으로 면접에 가서 "취직을 시켜줄 것이라고는 기대하지 않지만 일단 와봤습니다. 부족한 점이 많지만 기회를 주신다면 전력을 다해 열심히 하겠습니다. 하지만 안 되겠죠? 지금까지 전혀 직장을 구하지 못했으니까요."라고 말하는 것과 마찬가지다.

말도 안 되는 소리라고 생각할지도 모른다. 하지만 실제로 많은 사람들이 지향하는 목표에 대해 이와 마찬가지 마음가짐으로 도전하고 있다. 일에서 성공할 리가 없다. 평범한 생활도 불가능하며 결코 풍요로움을 바라서는 안 된다고 믿고 있다. 끝없이 실패와 가난을 기대하고, 그렇게 기대함으로써 실패와 가난을 끌어당기는 자력을 몸에 지니고 있다는 걸 깨닫지 못한다. 자신감 부족과 겸손함을 혼동하면 안 된다. 겸손한 마음은 스스로에 대한 자신감을 잃지 않은 상태에서, 오만하지 않기 위한 마음가짐이지 애당초 스스로를 폄하하는 것과는 차원이 다르다.

부를 얻길 바라면서 한편으로는 자신을 가난한 자로 한없이 낮추는 사람이 많다. 이래서는 동쪽으로 가길 바라며 서쪽으로 가는 것과 마찬가지다. 당근을 얻으려고 사람을 등에 태우는 말 같은 삶만으로 만족한다면 그리 살아도 좋다. 하지만 혼자서 힘차게 발을 구르며 자유롭고 활기차게 사는 야생마가 되고 싶다면 스스로를 옭아매놓은 가난의 안장을 풀어야 한다. 안장을 등에 얹은 채로 야생마가 되려는 노력을 하는 건 헛수고다. 들판을 달리는 자신을 먼저 상상해야 그렇게 될 수 있다.

마음 자세와 노력의 방향이 서로 엇갈려 열심히 노력한 것이 수포로 돌아가 버린 사람이 많다. 그들은 잘못된 마음가짐 때문에 자신이 얻고 싶다고 생각했던 것을 반대로 멀어지게 하고 있다.

마음은 기대한 것을 창조한다. 무조건 노력한다고 해서 반드시 목표를 실현할 수 있는 게 아니다. 오히려 '기대'하기 때문에 실현하는 것이다. 공포와 시기심 등의 좌절 사고는 인생에 현실로 나타나고 그와 비슷한 상황을 재생산한다. 아무리 노력해도 절망 등의 어두운 사고만 품고 있다면 그것이 현실로 이루어진다. 다시 말해 사고가 창조의 원동력이 되어 당신의 인생 형태를 만들고 결정하는 것이다.

위대한 박물학자 존 버로스는 새들이 찾아오지 않는다고 투덜대는 한 부인에게 "마음속에 새가 없으면 숲 속에서 새를 찾을 수 없어요."라고 말했다. 버로스는 부인이 투덜대는 사이에도 속속 새를 발견했다고 한다.

잘못된 기대를 끝없이 품고 있는 것이 결국은 우리를 고통스럽게 하고 결국 죽음으로 내몰게 된다. 무서울 정도의 위력이다. 그것은 생명력을 근본부터 잘라버려 희생자는 순식간에 나락으로 떨어지고 만다. 낙관적인 기대나 절대적인 신뢰만이 이 병을 치료하고 나쁜 습관, 나쁜 성격을 바꿔준다.

약이나 의사가 고통에서 벗어나게 해줄 것이라는 강한 신뢰가 약이나 의사 그 자체보다 효과가 있다. 그와 마찬가지로 미래는 밝을 것이고, 건강하고, 풍요롭고, 행복하게 살 것을 기대하는 습관이 돈보다 가치가 있는 것이다.

내가 아는 한 세상에서 큰 성공을 거둔 사람들은 모두 모든 게 좋은 방향으로 향할 것이라고 기대하는 습관을 몸에 지니고 있다. 아무리 절망적인 상황이라도 좋은 결과를 굳게 믿는다. 이렇게 기대하는 습관이 자신도 모르는 사이에 불가사의한 힘을 발휘해 마치 저절로 찾아오기라도 한 듯이 바라는 것을 끌어당긴다.

울창한 숲이 이뤄지는 첫 단계는 한 알의 씨앗을 심는 일이다. 썩은 씨앗을 심어두고 열매가 열리긴 바랄 수는 없듯이 마음에 부정적인 생각의 씨앗을 심어두고 성공과 부를 기대할 순 없다.

인간이 가진 여러 가지 힘은 요구에 따라 움직인다. 그리고 기대한 것을 행하여 기대한 것을 창출해낸다. 기대가 크면 클수록, 목표 달성 의지가 강하면 강할수록, 그 힘은 더욱 활발하게 작용한다. 자기 자신에게 위대한 것을 기대하는 습관이 자신의 능력을 최대한 끌어낸다. 요구하지 않으면 잠재되어 있는 힘은 그저 잠들어 있을 뿐이다.

이 세상에 태어난 목적을 반드시 달성할 수 있다고 마음속으로 믿어라. 한순간이라도 그것을 의심하지 말아라. 의심을 털어내고 당신 편이 되어줄 사고, 당신이 지향하는 이상만을 마음에 품어라.

부의 법칙을 믿어라.

오늘을 준비하고

내일을 기다려라.

개척하고 자신의 것으로 만든다면

생각하는 대로 이루어진다.

부의 법칙을 믿어라

사람은 누구나 이 해독제를 가지고 있다.
'부자 사고'를 이용해 자기 스스로 병을 치유하자.

태어나면서 줄곧 벽촌에 살고 있던 여성이 도시로 이사를 했다. 새 집에 전기가 들어오는 걸 본 그녀는 깜짝 놀랐다. 전기에 대해 전혀 몰랐던 그녀는 작은 전구의 희미한 빛조차 멋지다고 생각했다.

어느 날 한 남자가 신형 전구를 팔러 왔다. 그는 시험 삼아 좀 더 밝은 전구로 바꿔보라고 했다. 그녀는 허락을 했고 불이 켜지자 얼떨떨했다. 이렇게 작은 전구로 대낮처럼 밝아진다는 게 마치 마법 같았다. 지금까지의 전구와 똑같은 전구에서 이처럼 밝은 빛이 나오리라고는 상상조차 하지 않았던 것이다.

가난한 여성의 무지가 귀엽게 느껴질 정도지만 우리 대부분은 그녀가 전기에 대해 무지했던 것과 마찬가지로 자신의 힘에 대해 무지하다. 우리는 그것이 자신에게 주어진 최고의 것이라고 착각하고 어두운 전등 아래서 인생을 보내고 있다. 이미 풍부한 전력이 주어져 있고 사람들의 삶을 비추고 있다. 더욱 밝은 전구를 달아 풍성한 에너지와 접촉하기만 한다면 그것을 얻을 수 있다. 지금 당신이 사용하고 있는 전력은 엄청난 전력의 아주 작은 부분에 지나지 않는다.

많은 사람들은 이 여성이 전기의 혜택을 누리지 못한 것과 마찬가지로 이미 주어진 엄청난 부의 혜택을 받지 못하고 있다. 문제는 엄청난 전력에 있는 것이 아니라 지금 쓰고 있는 전구에 있다는 걸 상상도 하지 못하는 것이다.

부의 법칙은 모든 필요조건이 갖춰지지 않으면 성립하지 않는다. 새로운 사고를 배우더라도 지금까지처럼 사소한 일에 전전긍긍하는 습관, 가난한 사고 습관을 버리지 않는다면 부는 얻을 수 없다.

그냥 기다리기만 한다고 부는 찾아오지 않는다. 그저 단순히 부를 생각하고 있는 것만으로도 부는 찾아오지 않는다. 그것들은 첫걸음에 불과하다. 부자의 사고에 집중하기만 하는 것이 아니라 과학적인 방법론으로 그것을 보강해나가지 않으면 안 된다. 부를 얻은 사람은 모두 이것을 생활의 지혜로 실천하고 있다.

합리적인 방법으로 꿈을 백업하지 않으면 일생 동안 부를 생각하며 가난 속에서 죽어가기 십상이다. 다시 말해 방법론을 확립하고, 체계적이고 확실하게 빈틈없이 근면하게 노력하지 않으면 안 된다. 모든 것에 있어 마지막까지 주의해야 한다. 마음과 몸을 다 써서 일에 전념하라.

광대한 우주를 떠올리자. 그곳에는 위대한 창조의 지혜로 가득하고 모든 풍성함과 영광으로 흘러넘친다. 인간이 생각할 수 있는 한 무한의 가능성이 있다.

다음으로 어떤 방법으로 이 풍성한 원천에서 원하는 것을 끌어당길 수 있을지 상상해보자.

당신은 틀림없이 이렇게 말할 것이다. 그런 것을 상상하는 것은 어리석다고. 하지만 문명이 시작된 이래 인간은 그것을 끊임없이 반복해오지 않았는가? 상상력이 없었다면 문명은 이룩되지 않았을 것이다.

모든 발견, 모든 발명, 모든 개량, 건축물도, 도시도, 교통수단도, 과학도 이 위대한 우주에서 탄생한 것이다. 그것이 사고의 힘이다.

우리가 매일 쓰고 있는 모든 발명품을 만들거나, 모든 위업이 달성되기까지 처음에는 이미지 즉, 계획이 있었다. 누군가가 처음에 자신의 소망을 이미지로 연상했고 그 비전을 구체적인 이미지로서 끝없이 연상하고 마음속으로 창조와 개량을 반복해 결국 수많은 노력에 의해 현실을 일치시키고 염원을 이룬 것이다.

우리는 모두 그런 발명품은 인간이 만들어낸 것이라 생각하고 있다. 그렇지 않다. 인간은 그저 우주의 창조 에너지에 따라 움직이고 눈에 보이지 않는 광대한 부의 원천에서 그것을 끄집어낸 것에 불과하다.

물론 우리가 제대로 그 역할을 하지 못했다면 소망은 현실로 이루어지지 않았을 것이다. 건축가가 처음에 설계도를 그리는 것과 마찬가지로 우리가 바라는 것의 계획, 이미지를 먼저 만들지 않으면 안된다.

건축가는 계획을 세우기 전에 먼저 마음의 눈으로 완성도를 상세하게 연상한다. 건축 재료가 옮겨지기 훨씬 전부터 건축가는 실제 건물을 마음속으로 완성시키고 있다. 그리고 그 설계도는 우리를 둘러싼 광대하면서도 눈에 보이지 않는 가능성의 바다에서 끄집어낼 수 있다. 마찬가지로 우리의 소망도 우주의 끊임없는 부가 흘러들어 옴으로써 완성되는 것이다.

이 위대한 진리를 많은 사람들이 모르고 있다. 이 진리를 매일 생활에 이용하고 있는 사람은 소수에 불과하다. 하지만 과학에서는 이것이 잘 알려진 사실이다. 에디슨에 의하면 모든 과학자들은 "모든 것에는 위대한 지혜가 작용되어 있다."라는 사실을 깨닫고 있다고 한다.

우리 인간이 끊임없는 창조의 소재가 넉넉한, 이 보이지 않는 바다 속에서 살고 활동하고 있다는 것 자체가 하나의 기적이라고 해도 과언이 아니다. 우리가 바라는 것을 끌어당기기 위해서는 이 광대한 부에 대해 올바르게 마음을 향하고 그것을 물질세계에서 실현하기 위해 전력투구만 하면 된다.

태초에 사람이 그것을 깨닫기만 했더라면 노아의 방주에 불을 밝힐 수 있었을 것이다. 재료는 모두 갖춰져 있다.

이 보이지 않는 가능성의 세계에는 우리의 정당한 소망과 야심을 이루어주는 모든 재료가 존재한다는 것을 분명하게 마음에 새기고 그것을 실현하기 위해 힘을 기울인다면 더 이상 가난 속에 살지 않게 될 것이다.

단, 부에 대한 이런 생각은 잠재의식에도 확실하게 심어두지 않으면 안 된다. 실현하고 싶다고 생각하는 것은 반드시 잠재의식 속에 각인하지 않으면 안 된다. 잠재의식을 향해 맹세하고 결의를 이야기함으로써 한눈팔지 않는 목표에 대한 온 마음을 확고한 원칙으로 정착시키지 않으면 안 된다.

마음의 법칙은 단순명쾌하다. 두려운 마음은 또 다른 공포를 부르고 불안한 마음은 또 다른 걱정을 부른다. 증오는 증오를 질투는 질투를 부른다. 이것이 "닮은 것끼리 끌어당긴다."라고 하는 "마음의 법칙"이다. 그리고 그것은 불변의 규정이다.

가난이라는 병을 치유하는 것은 그 해독제인 '부자 사고' 뿐이다. 사람은 누구나 이 해독제를 가지고 있다. '부자 사고'를 이용해 자기 스스로 병을 치유하자. '가난'의 병원균을 몰아내자. 풍요로운 자신을 연상하자. 부의 법칙에 충실하게, 부의 이미지를 마음속으로 그리자.

최근 한 남성과 이야기를 나눌 기회가 있었다. 그는 바로 몇 년 전까지 너무나 가난해서 가족들이 빵에 버터를 바르는 것조차 불가능했다고 했다. 몇 푼 안 되는 집세조차 내지 못한 채 맘에 드는 옷도 살 수 없었다. 얼마 안 가 빈 털털이가 될 상황이었다. 하지만 지금은 저택에서 풍요로운 삶을 살고 있다. 고급 차, 풀장이 있는 저택 등 삶을 쾌적하게 해줄 것들을 소유하고 있다. 바로 얼마 전까지 굶어 죽기 직전이던 사람이라고는 생각조차 할 수 없었다.

대체 무슨 일이 있었던 걸까? 유산이라도 물려받은 것일까? 아니면 금맥이라도 찾은 것일까? 그렇지 않다. 그는 불행한 환경은 전부 자신의 마음에서 비롯된다는 것을 깨달았을 뿐이다. 그는 그 자리에서, 그 순간부터 절망적인 환경에 등을 돌리고, 빛을 향해 갈 것을 결심했다. 그리고 그 결과 단기간에 행운을 끌어당길 수 있었다.

그늘에 앉아 있는 자가 태양의 빛을 받고 싶다면 그늘을 벗어나 양지로 가면 된다. 그런데 대개는 그늘과 양지 사이의 경계선만 넘으면 곧바로 따사로운 햇살을 받으리란 걸 모르고서 걸음을 옮기길 주저한다. 하지만 빛을 받는 첫 단계는 너무나 단순하다. 그저 몇 걸음 걸어 태양이 비치는 쪽으로 가기만 하면 된다. 태양빛이 어느 누구만의 전유물이 아니듯, 우리는 스스로 그쪽을 향하려는 마음을 먹고 조금 움직이는 것만으로도 그 빛의 혜택을 받을 수 있다. 앞서 말한 청년도 그 사실을 깨달아 실천했기에 행복한 삶을 찾을 수 있었다.

심리학에 의하면 절망적인 사고, 시기심, 불안 등을 마음에 품는 것은 옳지 않다고 한다. 이렇게 유해한 사고가 머물고 있는 한 마음이 창조적으로 되지 않기 때문이다. 인간은 정신을 집중하지 않으면 창조적이 될 수 없다는 것, 마음에 있는 것만을 생각한다면 좋은 일이건 나쁜 일이건 그것이 인생에 있어 그대로 재생산된다고 한다.

마음가짐 하나로 빛을 향해 나아가는 것도 어둠 속에 머무는 것도 가능하다. 희망으로도 절망으로도, 빛나는 성공으로도 처참한 좌절로도 갈 수 있다. 어느 길을 선택할지는 당신이 결정할 일이다.

성공을 생각하고, 부를 이상으로 삼고, 밝은 미래를 기대하고 노력하는 것. 그것이 부에 의한 치료 처방전이다.

절망과 어두운 사고에 끌려 다니거나 우울증에 걸리고 만다면 힘들게 '부의 처방전'으로 쌓아 올린 마음의 건강도 파괴되고 말 것이다. 그것은 마치 "부여! 당신을 기다리고 있었지만 어차피 나오는 인연이 없습니다. 내가 하는 일은 전부 실패뿐입니다. 성공과 부에서 버려진 운명이겠죠. 열심히 노력했지만 당신에게 손이 닿지 않습니다."라며 포기하는 것과 마찬가지다.

숲 속에서 길을 잃게 되면 방향을 알 수 없게 된다. 이정표가 되는 것이 없기 때문이다. 태양을 찾지 못한다면 방향감각을 잃어 같은 곳을 빙빙 돌기만 할 것이다. 목표를 잃어버렸기 때문에 전혀 앞으로 나갈 수 없다. 전혀 목적지에 다가가지 못했다는 것을 깨닫는 순간 절망에 빠지게 된다.

어둠에서 헤어 나오길 바라면서도 잘못된 사고의 숲에서 길을 잃어버린 사람이 너무 많다. 목표인 부에는 전혀 다가갈 수 없다. 빛도 없고 숲을 빠져나올 길도 모른다. 그리고 절망한다. 마음의 방향성이 잘못되어 있음에도 그것을 깨닫지 못한다.

'내면의 자신'과 대화하라

인간의 능력은 여전히 미개발 상태다. 우리의 내면에 잠자고 있는
거대한 폭발력은 아주 작은 불꽃으로 점화가 가능하다.

예수 그리스도는 말의 힘을 알고 있었다. "천지는 멸망해 사라지
지만 내 말은 결코 사라지지 않는다."는 그의 말처럼 물질적인 것은
사라지더라도 예수의 말은 결코 힘을 잃는 일이 없었다.

성서에는 말의 힘이 반복적으로 강조되고 있다. "말은 살이 돼
우리의 내면에 머문다.", "말은 신과 함께이며 말은 신이었다.", "예
수는 말로 그들을 치유했다."

이야기를 하는 것, 사고를 강력하게 선언하는 것에는 신비한 힘
이 있다. 자기 확신에 찬 말, 즉 확언(affirmation: 긍정적인 사고를 선언하
는 것)을 행하면 그 사고가 잠재의식에 깊이 각인된다. 우리 내면의
힘이 말에 살을 붙여주고 우리가 선언하는 것이 현실로 되어간다.
꿈을 실현하고자 하는 끈기 있는 노력의 뒷받침으로 확고한 말에는
엄청난 창조력이 있다.

이것을 충격적일 정도로 잘 나타난 예가 제1차 세계대전에 벌어진 베르단 전투(Verdun: 1916년 2월~12월 프랑스)이다. 프랑스의 한 장교의 보고서에 적혀 있듯이 프랑스군이 독일군의 맹공을 견딜 수 있었던 비밀은 심리전이었다. 그것은 대규모의 자기암시와 같은 것이었다고 한다. 프랑스군의 페탱 장군(1856~1951: 프랑스의 군인이자 정치가)은 불신감과 절망을 강철처럼 강한 결의로 바꿔버렸다. 그는 "독일군은 프랑스군의 방어선을 뚫을 수 없다."라고 입버릇처럼 말했고, 전군의 뇌리에 장군의 말이 각인돼버렸다. 이 말을 반복해서 들은 병사들은 마치 최면술에 걸린 듯이 적의 공격에 저항하는 것밖에 생각하지 않았다고 한다.

이 말 한마디로 프랑스군의 저항력이 세 배, 네 배로 커졌음에 틀림없다. 자신들은 지지 않는다는 강력한 말 한마디가 그야말로 전황을 좌우했다. "적은 전선을 돌파하지 못한다."를 반복함으로써 포병 사단은 격렬한 포화를 쏟아 부었고 지쳤을 법한 병사들은 마치 신병처럼 힘차게 돌격했다. 프랑스군 포로들이 승리를 확신하는 걸 보고 독일 병사들까지 경악하게 됐다.

프랑스군 장교의 보고에는 전선에 가까운 병동에서 근무하던 군의관의 증언도 기록도 남아 있다. 그에 따르면 부상병들의 태도에는 강한 투지가 불타고 있었고 개중에는 신들린 듯한 표정으로 굳어 있는 병사까지 있었다고 한다. 포탄의 충격으로 망연자실한 병사도, 반쯤 의식이 나간 병사도 "독일군은 프랑스군의 방어선을 돌파할 수 없다."는 말을 반복하고 있었다.

베르단에서 싸운 병사 전원이 다른 건 일체 생각할 수 없을 정도로 "독일군은 돌파할 수 없다."라는 생각에 빠져 있었다. 한 종군기자는 이런 기사를 썼다. "6일에 걸친 참호전을 끝내고 돌아온 부대의 병사들은 모두 다 투지로 불타고 있었다. 전황을 묻자 장군은 그저 한마디 '독일군은 전선을 돌파할 수 없다' 고 대답했다."

그리고 실제로 독일군은 전선을 돌파하지 못했다.

베르단 전투에서 프랑스 병사가 필사항전을 뇌리에 새겼던 것과 마찬가지로 당신의 잠재의식에 부와 행복을 저지하는 유해한 사고의 침입을 막도록 의식한다면 어떻게 될까? 유해 사고가 당신 마음의 왕국을 파고들려고 할 때마다 당신이 "너는 전선을 돌파할 수 없어. 성공과 행복의 적을 받아들일 수 없어"라고 엄숙히 선언한다면 모든 유해 사고는 전선을 돌파할 수 없을 것이다.

사고는 말이라는 옷을 입고 있다. 모든 말은 선악 모두에 작용하는 힘을 지니고 있다. 말에 무엇을 내포시키는지에 따라 의미도, 효과도, 강인함도 바뀔 수 있다는 것을 잊어서는 안 된다.

말은 본인에게도, 주변 사람에게도 삶과 죽음을 전달하는 메신저이다. 말 한마디에 사랑과 헌신과 우정을 담는다면 그것과 같은 감정이 상대방의 마음에도 일어난다. 하지만 같은 말에 증오와 시기를 담는다면 그것을 받은 상대의 마음에는 적의와 시기가 생겨난다.

모든 것은 말 뒤에 감춰진 사고에 있다. 말에 진정한 의미를 담는 것은 그 사람의 마음 자세이다.

인간 문명은 말에 의해 발달했다. 사고와 일체가 된 말이 인간이 이룩한 모든 위업을 가능하게 했다.

아무리 마음속으로 되뇌어도 그것을 입으로 말했을 때만큼 힘이 없다. 큰 소리로 발산한 말은 우리들의 내면에 잠자고 있던 에너지를 깨워준다. 같은 말을 머리로 생각만 하고 있다면 그런 일은 일어나지 않는다. 입 밖으로 발설함으로써 보다 깊이 마음에 새길 수 있다. 그것은 마치 훌륭한 연설과 설교를 들으면 감동하지만 같은 내용을 책으로 읽으면 그다지 감동하지 않는 것과 마찬가지다. 목소리로 발설한 말에는 특별한 힘이 있다. 게다가 열의에 차 이야기를 한다면 말 그 이상의 의미가 전달된다. 열의를 가지고, 목소리를 내고, 강한 결의를 자기 스스로에게 들려준다면 마음속으로 결의하는 것보다 실현 가능성이 높아진다.

마음속의 자신에게 이야기를 걸면 '내면의 자신'은 귀를 기울이고 그 말대로 행동하게 된다는 것을 우리는 경험을 통해 알고 있다. 실제로 우리는 끊임없이 이 '내면의 자신'에 명령과 조언을 보내고 있다. 목소리는 들리지 않더라도 마음속으로 대답을 하고 있는 것이다. 우리는 무의식 속에 '내면의 자신'에게 지시를 하고 특정 방향으로 이끌려고 하고 있다.

그렇다면 의식적으로 목소리를 내서 지시를 내리면 현실 속 자신의 습관, 삶의 방식을 바꿀 수 있지 않을까?

내가 아는 한 남성은 '내면의 자신과의 대화'로 소심한 성격을 완전히 바꾸는 데 성공했다. 불과 몇 년 전만 해도 사람들의 주목을 받으면 얼굴이 붉어져 가능한 한 사람들 앞에 나서지 않을 정도로 소극적인 사람이었다고 아무도 상상할 수 없을 정도였다. 5년 전만해도 아무리 많은 돈을 준다고 해도 이 남성은 사람들 앞에서 한마디도 하지 못했을 것이다. 아마 자신의 이름이 호명되기만 해도 실신했을 것이다. 정직하고 근면하며 누구에게나 성실한 남자였지만 자신은 위선자이라고 여기며 언젠가 그게 밝혀지지 않을까 두려워하고 있었던 것이다.

그런 자신의 사고 때문에 그는 오랜 세월 고통 받고 있었다. 능력은 있지만 마음이 약해 실력을 발휘하지 못한 채 낙오자의 길을 걷던 그가 우연한 기회에 '목소리를 내서 자신을 격려한다' 는 방법을 접하게 됐다. 책에 쓰여진 대로 실행하고 매일 빼먹지 않고 '내면의 자신과의 대화' 를 실천하게 됐다. 순식간에 기분도, 마음가짐도, 활력도, 급속도로 개선되고 있음을 느꼈다. 주위에서도 그의 행동 변화를 깨달았다. 지금은 어떤 모임의 사회를 맡아도 긴장하는 일이 없다. 안타까울 정도로 내성적인 그림자는 사라지고 다소 비판을 받더라도 기죽지 않게 되었다.

이처럼 목소리를 내서 자기 암시를 거는 방법을 끈기 있게 지속한다면 성격상의 그 어떤 약점이나 결점도 모두 다 고칠 수 있다. 뿐만 아니라 지금까지 잠들어 있던 자질까지 눈을 뜨게 된다. 단순히 사고방식만 바꾼다면 이렇게까지 될 수 없다.

인간의 능력은 여전히 미개발 상태다. 우리의 내면에 잠자고 있는 거대한 폭발력은 아주 작은 불꽃으로 점화가 가능하다.

의심 많은 사람, 실패와 가난을 두려워만 하는 겁쟁이는 이 '내면의 자신과의 대화'를 평소에 실천함으로써 용기를 얻고 자신감을 높일 수 있다. 그리고 "나는 원하는 바를 이룰 수 있는 사람이야.", "나는 해내고야 만다."와 같은 긍정적인 선언을 멈추지 마라. 의지를 강하게 단련시키는 데 있어 에머슨의 "끊임없이 긍정적인 진실된 말로 자신을 격려하라"는 가르침보다 훌륭한 것은 없다.

말의 힘은 놀라워서 동물이나 식물에게도 영향을 미친다. 예쁘다는 칭찬을 많이 들은 식물은 실제 어여쁜 꽃을 피우지만 "너는 못생겼어.", "너는 쓸모없는 잡초야."와 같은 비하를 들은 식물은 이내 시들어버리고 만다고 한다. 식물이 사람 말을 알아들어서일까? 그보다는 말에서 느껴지는 기운이 작용한 것이다. 어린아이에게도 한없이 꾸중만 한다면 주눅 들어 아무 일도 못하고 실수만 연발하듯이 자기 자신에게도 안 좋은 이야기만 늘어놓는다면 제 몫을 못해낸다. 반대로 칭찬과 격려를 반복적으로 하면 말 자체가 힘을 발휘해 말한 대로 된다.

누구에게나 자신의 꿈을 실현시킬 능력이 있다. 꿈꿀 능력이 있다면 이를 현실화할 능력도 있는 것이다. 나는 인생의 승리자가 될 것이라고 반복적으로 선언하라. 자신의 목표 달성 능력을 믿는 말을 목소리로 내는 것은 그 어떤 것보다 나약한 자신을 격려해주고 목적을 향한 마음의 동요를 막아준다.

지금까지 앞으로 전진하기가 힘들었던 사람, 성장이 쉽지 않은 사람, 큰 인물이 될 수 없다고 생각한 사람은 무언가가 이상적인 자신의 모습을 막고 있는 것이다. 그 장애물이 무엇인지 발견하고 목소리를 내는 긍정적인 선언으로 그것을 제거하라.

'걸림돌'이 무엇인지를 찾는 데는 '내면의 자신과의 대화'를 하는 것이 최상이다. 자기 자신의 마음속을 들여다보고 성공과 좌절에 대한 지금까지의 태도를 정리해보자. 제삼자의 입장에서 객관적으로 자신을 분석해보자. 그렇게 자신과 대화를 해보면 자신의 장점과 단점이 분명히 보일 것이다.

혼자만의 공간을 찾아 다음과 같은 질문을 자신의 이름을 큰소리로 물어보자.

"(당신의 이름) 씨, 당신의 어디가 나쁜가? 어째서 생각대로 되지 않는 걸까? 꿈을 품는 것을 스스로 금하고 있는 건 아닌가? 아니면 아직 꿈을 찾지 못한 게 아닌가? 어째서 하고 싶은 대로 하지 못하는가? 당신보다 나쁜 환경에 처해 있는 사람도 활기차게 사는데 어째서 당신은 그런 하찮은 일에 만족하는가? 틀림없이 이유가 있을 것이다. 생동감이 없는가? 기력이 없는가? 그도 아니면 생동감도 기력도 있지만 그걸 활용하지 못하고 있는가? 혹은 무슨 성격적 약점이 원인인가? 문제가 어디에 있는지 당신은 최선을 다해 그것을 찾아 수정해야 한다."

굳은 의지와 근면성으로 성공을 한 사람과 소심하고 게을러 실패한 사람의 특징을 적어보자. 그리고 자신이 어디에 해당하는지를 체크하자. 여러 가지 성격적 특징을 큰 소리로 읽어보자. 신념, 기력, 자신, 야심, 열정, 인내심, 집중력, 적극성, 쾌활함, 낙천성, 꼼꼼함…과 같은 식으로. 당신은 긍정적인 점을 많이 지녔는가, 아니면 그 반대에 해당하는가?

약점에 한눈을 팔아서는 안 된다. 자신의 약점에 올바른 이름을 붙이고 그것을 양지로 끌어내 있는 그대로 받아들이고 철저하게 마주해야 한다. 자신의 인생을 마음만 먹으면 극복할 수 있는 약점 때문에 망쳐서는 안 된다.

자신의 성격이 총정리가 됐다면 이번에는 좀 더 넓은 시점에서 생각해보자. 여기서도 자신의 이름을 큰 소리로 부르며 질문을 해나간다.

"당신은 어째서 태어났는가? 당신은 이 세상에 있어 무엇인가? 당신의 인생은 이 세상에 어떤 메시지를 전할 것인가? 어떤 정의, 어떤 주장을 할 것인가? 당신은 자신이 인류에 메시지를 전할 의무가 있다는 것을 자각하고 있는가? 그리고 그 메시지를 끈기 있고, 단호하게, 앓는 소리 하지 않고 전하고 있는가? 당신은 이 세상에 어떤 공헌을 하고 있는가? 내일을 위한 꿈이 있는가? 평소 할 수 있는 일을 조금씩 하고 있는가? 함께 살고 있는 동료에게 무엇을 전달하고 있는가? 용기를, 격려를, 도움을 주고 있는가?"

이처럼 스스로에게 자문해서 정보를 모은 뒤 자기 자신의 장단점을 객관적으로 판단하자. 자신의 발목을 붙잡고 있는 정체, 당신에게 부족한 것, 당신의 능력을 반 이하로 줄어들게 하는 약점을 골라 분석하자. 이렇게 당신의 성공과 행복, 당신의 실력 발휘를 저지하고 있는 적을 발견했다면 과감하게 공격하자. 그런 약점들을 완전히 극복하고 자신의 인생과 일을 좌지우지당하지 않겠다고 끈기 있게 반복적으로 목소리로 발산하자.

이처럼 '내면의 자신과의 대화'를 반복함으로써 성격이나 능력이 완전히 바뀌게 된다. 당신에게 결여돼 있는 것이 신념이든 용기든, 적극성이든 쾌활함이든 모든 것이 자신에게는 갖춰져 있다고 기회가 있을 때마다 되뇌이자. 그러면 짧은 시간에 바라던 성격이 몸에 익혀지는 데 깜짝 놀라게 될 것이다.

오페라 가수 양성에 힘쓰고 있는 뉴욕의 저명한 음악가가 한 소녀에게 조언을 했다. 이 소녀는 천부적 재능을 타고 났지만 스스로에게 자신이 없었다. 음악가는 소녀에게 매일 거울 앞에 서서 당당한 표정을 취하고 있는 힘껏 "나, 나, 나"라고 자신에게 말을 걸라는 조언을 했다. 동시에 당시 최고의 인기를 누리던 유명 가수가 됐다고 생각하라고 말했다. 자신을 긍정하고 항상 유명 가수가 되는 연습을 함으로써 그녀는 결정적 단점인 소심함을 벗어던지고 자신감이 몸에 배게 됐다고 한다. 그는 소녀에게 "자신의 능력을 두려워하지 말고 인정하라. 너에게 어울리는 위엄 있는 태도를 취해라"고 조언했다. 소녀는 음악가의 충고를 따랐다. 내성적인 소녀에게 이것은 음악 레슨과 더불어 귀중한 조언이 됐다.

나는 '내면의 자신과의 대화' 효과를 마음으로 신봉하고 있다. 자신이 하고 싶다고 생각한 것을 끈기 있게 확인함으로써 자신의 약점을 극복하고, 성격을 바꿔 품위 있는 생애를 보낼 수 있다고 믿게 됐다.

자신이 원하는 건 모두 자신의 것, 틀림없는 현실이라는 것을 확인하는 습관이 생기면 거대한 자력이 발생한다. 큰 소리로 선언하면 신비한 힘이 발생한다. 그것은 잠재의식에 깊이 각인돼 눈에 보이지 않는 힘이 말에 살을 붙여 사고를 현실로 바꿔 나가기 때문이다.

일단 손을 댄 일은 끝까지 해내겠다고 반복적으로 선언한다면 위대한 업적을 달성할 수 있다. 그럼에도 불구하고 많은 사람들은 말에 주의를 기울이지 않는다. 말로 발산한 사고는 살이 되어 현실의 힘을 갖게 된다는 것을 그들은 아직 깨닫지 못하고 있다. 하지만 말은 끝없이 우리 몸에 드러나고, 얼굴 표정을 만들고, 그 말대로의 운명으로 우리를 인도하고 있다.

자신을 긍정할 때는 육체로서의 '나'가 아니라, 자기 내면의 신으로서의 '나'를 긍정할 것. 육체로서의 '나'를 긍정하는 것은 단순한 자아이며 아무리 자아를 긍정하더라도 당신에게 도움이 되지 않고 역으로 상처를 입힐 뿐이다. 하지만 당신 내면의 신을 긍정하는 것은 절대적인 효과를 발휘한다.

"말은 살이 됐다."고 하는 성서의 말을 떠올리자. 처음에 정신이 있고 육체는 그 다음이다.

당신 내면의 신이란 창조하는 자신이다. 이 창조하는 자신을 긍정하는 것은 전지전능한 신, 다시 말해 모든 것을 가능하게 하는 힘을 긍정하는 것이다.

자신을 긍정하는 일, 어떻게 되고 싶다고 생각하는 것을 스스로 현실에서 체험하고 있다고 믿는 것의 창조적 힘을 인식할 수 있다면 우리의 인생은 얼마나 크게 변화할까? 우리는 모든 자질을 갖고 있을 뿐만 아니라 우리가 바로 그 자질 자체다. 그 증거로 그런 자질을 동경한 우리의 내면에서 들끓어 의식의 표면에 드러나기 때문이다.

'내면의 자신'과 대화를 나눌 때는 '…라고 생각한다', '…가 되고 싶다'와 같은 어정쩡한 말투는 안 된다. '나는 …이다', '나는 … 하는 게 가능하다', '나는 …한다', '이것은 …이다'라고 단언해야 한다. 이렇게 되고 싶은 자신이 될 수 있다고 몇 번이고 반복해서 선언해야 한다. "언젠가 성공하자"라고 하지 말고 "나는 이미 성공했다. 성공은 태어나면서부터 내 권리다."라고 말하라. 시인 월터 휘트먼처럼 "나 자신 자체가 행운이다."라고 말하자. 필요한 것, 얻고 싶다고 생각하는 자질은 실제로 손에 넣을 수 있다고 선언하자. 당신의 마음을 확실하게 목표를 향하게 하자. 마음가짐이 창조의 원점인 것이다. 마음가짐에 따라 말은 살이 된다. 의심하거나 동요하거나 두려워하는 부정적인 마음은 아무것도 생산할 수 없다. 부정적인 마음에서는 긍정적이고 자신 넘치는 말을 생산할 수 없다.

우리는 항상 사고, 감정, 말이라는 무적의 힘을 발산하고 있다. 이런 힘은 끊임없이 확대되어 우주의 에너지에 투영되고 우리를 둘러싼 환경을 만들고 있다. 사고와 말의 힘을 어떻게 쓰느냐에 따라 우리는 부자도, 가난뱅이도, 성공자도, 낙오자도, 행복하게도, 불행하게도, 고귀하게도, 천하게도 된다. 육체와 물질적 세계의 표면적 특징은 내면적 사고와 강력한 자기와의 대화를 그대로 반영한다.

말에 힘을 실어주는 것은 정신의 원동력인 생명이라는 것을 잊어서는 안 된다. 거짓말을 입에 담는다면, 말에 의미를 실어줄 수 없다면, 말은 그저 허무한 메아리에 불과하다.

그런데 이런 자기 자신과의 대화는 마음속으로 믿고 행하지 않으면 안 된다. "나는 건강하다, 나는 부자다, 나는 이러이러하다."고 선언하면서 한편으로는 그 말을 믿지 않는다면 효과를 얻을 수 없다. 지성에 의해 주어진 말이 치유의 힘을 가지는 것은 '내면의 자신과의 대화'에 영적 생명이 잠재돼 있기 때문이다.

자신과의 대화를 행할 때 "그것이 신의 뜻이라면 …하자"라고 하는 사람이 가끔 있는데, 그것은 '~라면'이라는 말 속에 부정적인 의혹이 담겨 있다는 것을 깨닫지 못하는 것이다.

자신과의 대화에 확신을 갖느냐 마느냐의 차이는 당신이 얼마나 크고 많은 일을 이룰 수 있을 지와 직결된다. 인생의 역경을 뛰어넘기 위해서는 자주 강력한 추진력이 필요하다. 배의 겉판을 수선할 때 고속 프레스기로 압축하는 것이 느린 속도로 압축하는 것보다 단단한 것과 마찬가지다.

당신의 바람이 정당한 것이라면 그것이 이미 당신의 것이라고 자신을 가지고, 정말로 현실인 듯이 자신에게 이야기하라. 그리고 그것을 손에 넣기 위해 필요한 물질적인 면에서 노력을 실행하면 당신의 사고에, 그리고 자신과의 대화에 뿌린 씨앗을 거두게 될 것이다. 확언을 반복하라. 뭔가 하고 싶은 일이 생각나면 때를 기다려서는 안 된다. 오히려 당신이 기회를 만들어라. 그러면 말의 힘이 당신에게 기적을 가져다 줄 것이다.

말에 의해 자신이 생기면 당신의 능력도 올라간다. 타인이 뭐라고 하든 자신은 할 수 있다고 결정한 일에 의심을 품어서는 안 된다. 대담하게 자신을 가지고 "이 세상은 내 세상이다, 나만이 할 수 있는 역할이 기다리고 있고 나는 그 역할을 해낼 수 있다."고 믿어라. 평생 하찮은 일에 휘둘릴 운명이라고 인정해서는 안 된다.

대담하게 몇 번이고 반복해서 '내면의 자신과의 대화'를 하자. 자신에게 어울리는 실현 가능한 소망이라면 그것은 당신의 것이 된다.

다음은 '내면의 자신과의 대화'를 할 때 도움이 될 만한 예들이다. 평소 실천하고 활용하면 좋을 것이다.

□ **내면의 자신과의 대화**

- "나는 지금보다 나은 사람이 될 것이다."
- "나는 더욱 성과를 올릴 것이다. 나는 그게 가능하다는 것을 알고 있으니까."
- "나는 내면의 장점, 객관적으로 볼 때 바람직한 부분밖에 인정하지 않는다."
- "나는 역경에 부딪혔을 때는 모두 좋은 방향으로 바꿔놓겠다."
- "나는 자유와 진실, 타인의 행복에 도움이 되는 일만 바란다."
- "나는 항상 사람들을 격려하고 활력과 기쁨을 전달하는 말을 한다."
- "나는 더욱더 많은 사람을 위해 봉사한다. 나의 최대 소망은 인생에서 만나는 모든 사람을 풍요롭고, 품위 있고, 아름답게 하는 것이다."

매일 존경할 만한 부자 사고를 가진 사람을 모방하라. 비록 처음에는 힘들겠지만 반드시 부를 쟁취하겠다는 결의를 굳게 하라. 아침부터 밤까지 긍정적인 말로 자신을 격려하라.

단, 베르단의 병사들처럼 되뇌인 말을 확실하게 실행에 옮기지 않으면 당신의 말에는 아무런 가치가 없게 된다. "나는 극작가로서 성공한다."고 말하면서도 한 편의 극본을 쓰지 않을 수도 있다.

주변 사람에게 당신은 결코 포기하지 않는다는 걸 보여주자. 거대한 부를 축적하는 것보다 그것은 더욱 가치가 있는 일이다.

'내면의 자신과의 대화'도 처음에는 바보같이 느껴질지도 모른다. 하지만 금방 익숙해질 것이고 확실하게 효과를 얻을 수 있을 것이다. 그렇지 않아도 당신은 하루 종일 스스로에게 말을 걸고 있다. 앞으로는 그 말을 의식적으로 고르는 것이다. 부를 가져다주는 말을 매일 아침부터 잠들기 전까지 실천하자. 말을 지속하고, 그 말을 현실로 이루기 위해 노력을 게을리 하지 않는다면 마치 마법처럼 소망을 이루게 될 것이다.

자기 자신에 대한 평가가 높아지고 자존심도 자신감도 높아진다. 자신을 신뢰하고, 냉정해지고, 평소 자기 자신에 대한 평가가 높아질 것이다. 그렇다고 해서 자기중심적이 되거나 건방을 떠는 것과는 다르다. 오히려 자기 자신과 그 가능성을 보다 잘 알고 가지고 있는 힘을 보다 좋은 방향으로 쓸 수 있게 된 것에 불과하다.

우리는 모두 풍요를 누릴 힘을 가지고 있다. 우리는 태어나면서부터 그 힘을 갖추고 있다. 그 증거로 아기들은 모두 이 세상을 받아들이고 충분히 음미할 것을 기뻐하며 태어나는 것이 아닐까?

당장 효과가 없더라도 실망하지 마라. 다시 자신감을 가지고 '내면의 자기 자신과의 대화'를 계속하라. 특히 잠들기 전에는 반드시 자신의 단점을 극복할 수 있다고 선언하고 잠자리에 들어라. 의지의 힘도 도움이 되지만 확신이 몇 배 더 강력하다.

항상 자신을 격려하라. 항상 긍정적으로 이야기하라. 모든 수단을 다 써서 자신에 대한 신뢰를 확립하라.

"오늘의 하나는 내일 둘의 가치가 있다"

프랭클린

CHAPTER 3

부를 부르는 습관

가난도 운명이라고 받아들이고
부자의 생각을 훔쳐 실행하라

"인생에서 자신이 누군가를 잘 아는 것은 중요하지 않다. 자신을 창조해나가는 것이 바로 인생이다."

조지 버나드 쇼

가난으로부터 탈출하려는 열망은
능력으로 드러난다

> 열망은 또 다른 힘과 싸워 얻는 것이다.
> 시련과 싸워 강해진 사람만이 위인이 된다.

　가난에서 벗어나려는 노력은 인류의 위대한 특성이며 진보의 원
동력이다. 모든 사람이 부유하게 태어나서 일할 필요가 없었다면 인
류 문명은 아직까지 요람기에 머물러 있었을 것이다. 미국 또한 모
든 국민이 부자로 태어났다면 지금까지 암흑시대에 머물러 있을 것
이다. 미국의 막대한 자원이 개발되지 않았을 것이고 금광은 손도
대지 않은 채 현재의 대도시도 숲과 절벽인 상태로 남아 있을 것이
다. 가난을 벗어나려는 사람들의 끊임없는 노력만큼 문명의 진보에
기여한 것은 없다.

　우리는 원하는 것을 손에 넣기 위해 있는 힘껏 노력하도록 만들어

졌다. 사람은 불가피한 상황이 아니면 최대한의 노력을 발휘하지 못한다. 부족함을 채우기 위해 사람들은 끝없이 전진해나간다. 그 힘으로 인해 인류 문명이 완성되는 것이다. 인류의 역사는 부의 은혜를 받지 못해 좌절한 사람들로 흘러넘칠 정도지만 다른 한편으로 궁지에 몰려 부를 얻게 된 예도 적지 않다.

미국의 역사만을 보더라도 하찮은 일부터 시작해 성공을 거머쥔 사람이 여러 분야에 포진해 있다. 벤저민 프랭클린, 초대 재무장관 알렉산더 해밀턴, 제7대 대통령 앤드류 잭슨, 국무장관 다니엘 웹스터, 제16대 대통령 아브라함 링컨, 제17대 대통령 율리시스 그랜트, 제20대 대통령 제임스 가필드, 작가 샬롯 브론테, 『작은 아씨들』의 저자 루이자 올컷 등은 가난과 역경을 이기고 자수성가한 예이다.

앤드류 카네기는 "부잣집에서 태어난 사람은 무거운 핸디캡을 떠안고 있다. 부잣집 아이들의 대부분은 아무런 부족함이 없어 뭔가 성취할 욕망도 없이 따분한 인생을 보내고 만다. 가난에서 벗어난 사람들의 라이벌이 될 수 있는 사람들은 이런 계급들이 아니다. 하지만 당신보다 훨씬 가난하고 부모로부터 제대로 교육도 받지 못한 사람들은 조심하라. 그들은 당신의 지위를 위협하고 당신을 뛰어넘어 더욱 높은 곳을 향해 달릴 것이다. 고등학교 졸업 후 바로 일해야 하는 처지에 놓인 사람들, 빌딩 청소로 출발한 사람들을 조심하라. 그들은 아마도 다크호스가 돼서 엄청난 돈을 끌어 모아 홀로 칭송을 받게 될 것이다."고 말했다.

풍요롭게 자란 젊은이들은 언제나 남에게 의지하고, 자신의 길을 스스로 개척할 필요가 없어 어릴 때부터 투정만 부리고, 활력도 부족해 기력이 오래 가지 못한다. 한 알의 도토리에서 폭풍우를 견디며 거목으로 성장한 참나무와 비교한다면 그들은 그저 묘목에 불과하다.

아무 일도 하지 않고 재산이 손에 들어올 거라고 생각하는 사람들은 "아침 일찍 일어나 죽어라 일하는 게 무슨 의미가 있을까? 평생 쓰고 남을 돈이 들어올 텐데"라고 생각한다. 그리고 또다시 침대 속으로 파고든다. 한편 자기 자신밖에 믿을 사람이 없는 사람은 가난에 등을 떠밀리듯 아침 일찍 길을 나선다. 그들은 노력하는 것밖에 방법이 없다는 것을 잘 알고 있다. 의지할 사람도 없고 도와주는 사람도 없다. 이름 석 자도 남기지 못한 채 인생을 마감할지, 풍요로운 삶을 꿈꾸며 열심히 노력할지 둘 중 하나다. 선택의 길이 별로 없다는 것을 그들은 잘 알고 있다.

힘은 또 다른 힘과 싸워 얻는 것이다. 시련과 싸워 강해진 사람만이 위인이 된다. 싸울 필요가 없는 사람은 기량과 체력이 쌓이지 않는다. "시련과 맞닥뜨리지 않는다면 반쪽짜리 인생을 살다 죽게 될 것이다."라는 격언을 명심하라.

인생은 거대한 체육관과 같다. 의자에 앉아 평행봉을 바라보기만 한다면 결코 근육도, 지구력도 길러지지 않는다. 그럼에도 불구하고 수많은 부모들이 아이들을 편안한 의자에 앉혀 놓고 자신이 아이들을 대신해서 연습에 전념하고 있다.

자신이 자신의 재능 이외에 의지할 것이 없는 열악한 여건을 이기고 출세한 것을 자랑으로 삼고, 자립심과 인내심을 키울 수밖에 없었던 환경에서 자란 것을 감사하고 있는 사람들이 자신의 아이들만은 같은 경험을 하지 않도록 필사적으로 막으려 하는 것은 너무나 황당한 일이다. 일부러 지팡이를 내밀어 아이들이 제대로 걸을 수 없게 방해하다니 정말 이해할 수 없다.

한 유명 예술가가 "당신의 제자는 유명한 화가가 될 수 있나요?"라는 질문에 "될 수 없다. 1년에 6000파운드나 되는 수입이 있으니까."라고 대답했다. 이 예술가는 역경과의 싸움이 얼마나 큰 힘이 되는지, 부유한 삶이 강한 정신력을 기르는 데 얼마나 방해가 되는지를 알고 있는 것이다.

미국에는 교육도 받지 못하고 돈도 없으며 아는 사람도 없이 홀로 이주해오는 젊은 이민자들이 수없이 많다. 아무것도 가진 게 없어도 그들은 명성을 얻고, 부를 손에 넣고, 부와 교육, 기회가 주어진 수많은 미국 태생의 젊은이들을 능가한다.

나는 결코 청빈이 좋은 것이라고 말하는 것은 아니다. 성공을 향해 달리는 촉매제로서 가난이 가치가 있다고 말하는 것뿐이다. 가난 그 자체는 재난이며 속박이다. 거기서 벗어나는 것이 훌륭한 것이다. 성실하고 끈기 있게 전진해 가난에서 벗어나는 것이 개인의 능력을 끌어내고 위대한 인물로 키우는 일이다.

사람들은 가난에서 벗어나려고 할 때 지향하는 목표보다 그 과정에서 얻는 것들이 가치가 있다고는 생각하지 않는다. 가난과 전력으로 싸워 몸에 익힌 강인함이야말로 돈, 재산보다 가치가 있다는 걸 깨닫지 못한다.

글로버 클리브랜드 전 대통령은 원래 연수입이 50달러밖에 되지 않는 사무원이었다. 그는 가난이 사람을 키운다는 것에 대해 이렇게 말했다. "절제 있는 야심과 가난 속에서의 건전한 시련은 사람의 마음을 성장시키고 완벽하고 뛰어난 인격의 힘을 이끌어내는 원동력이다."

교육을 받기 위해 열심히 노력하는 학생은 그 자체로 훌륭한 교육을 받는 셈이다. 교과서를 단 한 번만 읽어도 모두 습득하고 시험에도 쉽게 통과하는 천재는 대학 교육에서 고생해서 공부한 사람들이 얻는 것의 반도 얻을 수 없다. 금전적으로 고통 받지 않고 부모로부터 뭐든 얻을 수 있는 젊은이들 대부분은 대학에서 많은 것을 배우지 못한다. 그것을 배우기 위해서는 스스로 생활비를 벌지 않으면 안 된다.

일할 필요가 없고 노력하지 않아도 손에 넣을 수 있다면 과연 어떻게 할까? 그저 강인한 인격 형성을 위해 일부러 가난과 싸우려고 하는 사람은 만 명에 한 명도 되지 않는다.

현명한 자연은 가난을 통해 우리가 가장 필요로 하고 있는 것을 부여하고, 문명의 발전과 개인의 성장이라는 두 가지 목표를 달성한다. 자연은 돈에 의한 번영 따위는 전혀 생각지도 않고 있다. 자연이 생각하고 있는 것은 인류와 문명의 번영이다. 우리가 그렇게 신경 쓰고 있는 재산과 지위는 자연에게는 아무런 의미가 없다. 자연은 건강한 사람을 원하고 있다. 따라서 그 목적을 달성하기 위해 우리

를 가장 엄격한 학교에 보내 경험이라는 대학에서 오랫동안 공부를
시키는 것이다.

목표에서 한눈을 팔지 마라

"어떻게 해서든 해내겠다." 라는 기개가 없는 사람은 낙오자가 될 수밖에 없다.

성공해서 부를 얻으려면 목표를 하나로 줄이고 여러 방면에서 그곳에 마음을 집중시키지 않으면 안 된다. 그리고 승리가 아니면 죽음이라는 마음으로 철저한 목표의식을 가지지 않으면 안 된다. 목표에서 한눈을 팔 만한 마음의 동요는 모두 억제하지 않으면 안 된다.

뉴저지 주에는 수많은 항구가 있지만 수심이 얕고 항만의 폭이 좁아 배는 그렇게 많지 않다. 한편 뉴욕 주는 항구가 하나밖에 없지만 수심도 깊고 폭도 넓어 미국에서 해운업이 가장 발달했다. 뉴욕의 항구에서는 세계 각지를 향해 운항하는 배가 있지만 뉴저지에서는 국내선만 운항한다.

어정쩡하게 몇 가지 재주를 배우다 보면 생활에 곤란을 겪을 수도 있다. 하지만 아무리 작은 일일지라도 그것만으로 최고봉에 달하게 된다면 부자가 되고 명성을 얻을 수도 있다.

성공한 사람들은 모두 목표 이외에는 한눈을 팔지 않고 강한 집중력을 발휘한다.

어떤 사람이 미켈란젤로에게 물었다.

"어째서 자네는 그렇게 고독하게 살고 있는가?" 그러자 미켈란젤로는 답했다. "예술은 질투심 많은 애인과 같은 것이다. 상대의 모든 것을 독점하고 싶어 한다." 미켈란젤로의 전기를 쓴 조르조 바사리(Giorgio Vasari)에 따르면 미켈란젤로는 시스티나 성당의 벽화 제작 중에는 아무리 집에서 작업을 하고 있을 때라도 결코 사람들을 만나지 않았다고 한다.

애덤 스미스는 『국부론』을 쓰는 데 10년이나 걸렸다. 기번(Gibbon Edward, 1737-1794: 영국의 역사가)은 『로마제국의 흥망사』를 쓰는 데 20년 걸렸고, 대서양 해저 전신사업을 추진한 사일러스 필드는 세상 사람들의 비웃음에 굴하지 않고 케이블 설치를 위해 대서양을 50번이나 횡단했다. 남북전쟁 북군의 영웅 그랜트 장군은 "여름이 다 지나더라도 이 방어선을 꼭 지키자."고 제안했다.

아무리 재능이 없는 사람이라도 한 가지에 오랜 시간 집중하면 뭔가 이룰 수 있다. 역으로 아무리 재능이 있는 사람이라도 여러 가지 일에 힘을 분산시키면 아무것도 이룰 수 없다. 작은 물방울이 오랜 세월에 걸쳐 바위를 뚫은 것처럼 말이다. 역으로 칼라일(Carlyle Thomas, 1795~1881: 영국의 평론가·역사가)의 말처럼 폭풍우도 속도가 너무 빠르면 아무리 굉음을 울리더라도 금방 흔적도 남지 않고 사라진다.

목표는 오랜 시간 연마함에 따라 더욱더 커진다. 그것은 커다란 자석과 같이 인생 속에서 '닮은 것' 모두를 끌어들인다.

전문가에 의하면 태양 표면 0.5헥타르만큼의 에너지만 있다면 세상의 모든 기계를 움직일 수 있다고 한다. 그런 태양 에너지가 지구를 향해 쏟아져 내리고 있지만 결코 불이 나는 일은 없다. 하지만 돋보기로 태양광선을 한 점에 모으면 화강암을 녹이거나 다이아몬드를 증발시킬 수도 있다.

오스트리아에 여행을 다녀온 사람의 말에 의하면 빈 왕족 무덤에 묻힌 요셉 2세의 묘비에는 이렇게 적혀 있다고 한다. "전력을 다했으나 계획했던 일을 하나도 실행하지 못했던 군주가 여기 잠들다."

목표를 집중하지 못하고 이곳저곳에 한눈을 팔아서는 성공할 수 없다. "어떻게 해서든 해내겠다."라는 기개가 없는 사람은 낙오자가 될 수밖에 없다.

"아무개 씨가 저를 비웃습니다."라고 한 젊은 화학자가 말했다. "한가지 일에만 몰두한다고 비웃는 것입니다. 그는 이야깃거리도 풍부해서 여러 가지 일에 손을 대고 있지만 저는 제게도 기회가 있다면 한 곳에 초점을 맞추지 않으면 안 된다고 생각합니다." 그리고 몇 년도 채 되지 않아 그는 영국의 명사들 앞에서 전자기학의 실험을 재연하고 최종적으로 미국 최대 연구기관의 책임자가 됐다. 이 사람은 바로 자체유도현상을 발견한 조셉 헨리 교수다. 워싱턴에 있는 스미소니언 박물관의 초대 관장이기도 하다.

괴테 또한 자신이 성공할 수 없는 분야에 도전하는 일에는 신중을 기해야 한다고 했다. 한가지 목표를 지향하는 것이 성공으로 이어진 다. 목적을 가진 사람에게는 세상도 거스를 수 없다.

집중력의 시대에 필요한 사람은 단순히 교육을 받은 사람, 천재, 팔방미인이 아니라 한가지 일에 확실하게 전념하는 사람이다.

가지고 있는 재능을 한가지 목적에 지속적으로 쏟아 붇는 것이 힘이 된다. 가지고 있는 재능을 목적도 없이 소비해버리면 힘은 약해진다. 마음을 한 점으로 모으지 않으면 완충기가 달려 있지 않은 기계처럼 분해되고 만다.

목적을 찾고 그곳에서 한눈을 팔지 마라.

여러 직장을 전전하면서 각각의 일을 어정쩡하게 배운다면 삶은 결코 윤택해지지 않고 능력도 발휘할 수 없다. 따라서 부를 축적하는 일은 더더욱 그림의 떡이 된다.

부를 얻기 위해서는 자신의 영역을 찾고 그 조건을 만족시켜야 한다. 자신의 자리를 찾아 숙련시켜야 한다.

부를 손에 넣은 사람들 가운데 한가지 목표에 매진하지 않고 이것 저것 손대는 사람은 거의 없다. 그런데 현대를 살아가는 많은 이들이 어느 날은 이 일을, 다음 날은 저 일을 하며 스위치를 전환하듯이 코스를 바꾼다. 그래서 오랜만에 만난 사람끼리 "요즘은 뭘 하나?" 라고 묻는 게 인사가 됐다. 전에 만났을 때 하던 일을 지금도 하고 있다고 장담을 할 수 없는 것이다.

"오늘은 서쪽을 향해 갔으니 예정대로였다."라고 콜럼버스는 매일 일기에 적었다. 단순하지만 위대한 말이다. 나침반의 미묘한 오차로 희비가 엇갈리는 선원들에게 눈을 가늘게 뜨며 전혀 흔들림 없이 서쪽을 향하도록 명령하고 밤이 되면 이 말을 일기에 적었다.

계획도 없이 움직이는 것은 나침반 없이 항해를 나서는 것만큼 어리석은 짓이다. 망망대해에서 키가 작동하지 않는 배는 아무리 출력을 올리고 필사적으로 항해를 하더라도 그 어디에도 도달할 수 없다. 어쩌다 우연히 항구에 도착하더라도 배에 실려 있는 짐이 그곳 사람들의 기호에 맞는다고 장담할 수 없다.

배는 확실하게 목적지에 도착해야 한다. 그래야만 화물을 선적하는 데에도 도움이 되고 기쁨도 맛볼 수 있다. 따라서 맑은 날이든 폭풍우 속이든 그저 목적지를 향해 나아가지 않으면 안 된다.

마찬가지로 부를 쫓는 당신의 항해도 방향을 잃은 배처럼 바다를 떠돌아서는 안 된다. 바다가 평온하고 조류와 바람 방향도 좋다면 곧장 항구로 향할 것이다. 역으로 폭풍우를 만나거나 안개에 휩싸였을 때일지라도 코스를 이탈해서는 안 된다.

남미 초원에는 언제나 같은 방향으로 피는 꽃이 있다. 여행자가 길을 잃으면 이 꽃을 찾아 이정표로 삼기도 한다. 비가 오거나 바람이 불어도 이 식물의 잎은 언제나 북쪽을 향하고 있기 때문이다. 마찬가지로 당신 마음의 나침반도 항상 희망의 별 북극성을 향하고 있어야 한다. 그렇게 되면 무슨 일이 있어도 목적 없는 삶이 되지 않는다. 다 부서진 난파선이라도 항구에 도착할 수만 있다면 멀쩡한 외관으로 항구를 잘못 찾아든 화물선보다 낫다.

방황하는 인생을 수정하고 그 인생에 목적을 부가하는 일은 쉽지 않다. 하지만 목적 없는 인생은 반드시 환상에 빠진 채 허송세월을 보내게 된다. 어느 곳에나 재능도 있고 훌륭한 교육도 받았으나 성공하지 못한 사람이 반드시 있다.

세상이 원하는 것은 자신다움을 잃지 않고, 옹졸하지 않고, 한 가지 일에 집중하는 사람이다. 교육도, 재능도, 근면도, 강한 의지도, 열심히 이루어야 할 목적을 대신할 수 없다. 목적이 없는 인생은 반드시 실패로 끝난다.

권한도, 자질도, 그것을 목적을 위해 쓰지 않는다면 무슨 의미가 있겠는가. 훌륭한 도구가 다 갖춰져 있더라도 기술자가 그것을 제대로 활용하지 못한다면 무슨 의미가 있겠는가. 대학 졸업장도, 지식도, 그것을 하나의 목적을 위해 쓸 수 없다면 아무런 의미도 없다.

짧은 인생에서 부를 축적하고 싶다면 향락적인 인생의 방관자들에게는 이상하게 보일 정도로 집중력을 발휘하지 않으면 안 된다. 그리스도는 사랑에는 한 가지밖에 없다는 것을 알고 있었다. "누구나 두 명의 주인의 명령을 따를 순 없다." 최고의 사랑은 한 가지밖에 없다. 거장의 손에 의해 그려진 훌륭한 명화에서는 반드시 하나의 이념, 하나의 등장인물이 도드라지게 묘사돼 있다. 그 밖의 이상과 인물은 보조 역할로 중심이 되는 이상을 도드라지게 함으로써 그 역할을 다하고 있다.

마찬가지로 목적에도 2차원적인 것이 있을 것이다. 하지만 최고의 목적은 단 한 가지밖에 없다. 이 최고의 목적을 중심으로 그 밖의 목적과 성격이 결정된다.

프랑스 정치가 레옹 강베타(나폴레옹 3세의 전제專制에 반대한 것으로 유명)의 자상한 어머니는 "열심히 노력해서 한 분야에서 뛰어난 인물이 되어 돌아오라"며 아들을 파리 학교에 보냈다. 가난했던 강베타는 다락방에서 독학을 했고 차림새도 형편없었다. 하지만 누가 뭐라고 하든 그는 성공하겠다고 결심했다. 매일매일 책상에 붙어 앉아 열심히 공부했다. 그리고 드디어 기회가 찾아왔다. 어느 날 아주 중요한 강연회에서 연설할 예정이었던 한 저명인사가 병에 걸려 초라한 행색에 무명의 강베타가 대신 연설을 하게 됐다. 강베타는 이날을 학수고대했다. 그리고 프랑스 역사상 유래 없는 명연설로 그 기회에 화답했다. 그날 밤, 파리 신문은 앞다퉈 이 인물을 절찬하면서 강베타는 제3공화정의 리더로서 전 국민의 지지를 받게 됐다. 갑작스런 출세와 운은 우연이 아니다.

강베타는 역경과 가난에 지지 않고 끝없이 언젠가 찾아올 기회를 위해 노력했던 것이다. 기회를 살릴 수 없다면 비웃음만 받는 패배자가 됐을 것이다. 어제까지 다락방에서 살고 있었던 무명의 가난한 청년이 오늘 마르세이유의 대변자로, 그리고 공화정의 리더까지 올라서게 된 것은 엄청난 출세다. 배운 것이 별로 없고, 사제로 전혀 어울리지 않는 인물로 신학교에서 쫓겨난 이 이탈리아계 잡화상의 아들은 단 2주 만에 의회에서 두각을 나타내며 나폴레옹 왕조를 쓰러뜨리고 공화정 성립 선언의 기틀이 됐다.

보불전쟁 중에 루이 나폴레옹이 세단 전투에 패해 프로이센의 빌

헬름 왕에게 항복하고 프로이센군이 파리에 입성했을 때 강베타는 프로이센군의 저격을 간발의 차로 피해 기구를 타고 파리를 탈출했다. 아미앵에 내린 그는 초인적 힘을 발휘해 80만 명에 달하는 군사를 모아 그들에게 식량을 나눠주고 군사작전을 지휘했다. 한 프로이센군 장교는 이렇게 말했다. "이 위대한 에너지는 근대사에 있어 대서특필할 만한 일이며 강베타의 이름을 널리 후세까지 알려질 것이다."라고.

다른 젊은이들이 샹제리제를 우아하게 산책하고 있을 때 다락방에서 필사적으로 책을 읽고 있던 이 젊은이는 겨우 32세에 프랑스의 실질적 지배자, 공화국 제일의 연설가로 활약했다. 하지만 갑작스런 명성에도 그는 냉정함을 잃지 않았다. 마음만 먹으면 억만장자도 될 수 있었지만 여전히 초라한 라틴 거리의 다락방에 당당하게 거주했다. 강베타의 죽음에 대해 『피가로』지는 "공화국은 가장 위대한 인물을 잃었다."고 추도했다.

인생에 의미를 부여하는 것은 위대한 목적이다. 우리의 힘은 약하고 여러 곳으로 분산돼 있지만 위대한 목적은 그것들을 하나의 튼튼한 밧줄로 이어줘 성공과 부의 길로 인도해줄 것이다.

역경을 발판으로 삼자

어리석은 자들은 역경에 화를 내고 겁쟁이는 실망을 하지만 현명하고
근면한 사람은 그 재능을 꽃피우고 겸허한 사람들은 실력을 기를 생각을 한다.

"역경을 모르는 사람이 무엇을 알겠는가?"라고 한 현자가 말했
다.

진주조개는 몸 속에 들어온 이물질을 진주로 바꾼다. 마찬가지로
절망을 도약할 힘으로 바꾸는 기개를 유복한 사람은 결코 가지고 있
지 않다.

한 소설가는 부친의 사업 실패에 대해 이렇게 말했다.

"몇 번이고 했던 말이지만 돈이 없어지지 않았더라면 우리는 지
방의 유지로 살았을 겁니다. 그리고 사소한 일을 하거나 절약을 하
면서 차츰 활동 영역이 좁아졌을 겁니다. 하지만 아버지의 사업이
실패하고 나서는 다시 일어서기 위해 열심히 능률적으로 일하게 되
었습니다. 친구도 사귀고, 남들의 칭송도 받고, 자립심을 기를 수 있

었고, 국내는 물론 세상사에 대해 관심을 갖게 됐습니다. 다시 말해 허송세월을 보내는 것이 아니라 진정한 인생을 영위하게 된 것입니다."

소설가 조지 맥도널드(영국 동화 작가 겸 시인)는 시인 밀튼(영국의 시인)에 대해 "신은 이 사람에게 위대한 시를 쓰게 하기 위해 그의 눈을 멀게 했다."고 했다.

세계 3대 서사시 중에 두 개는 호메로스(처음으로 최고의 서사시를 지은 시인)와 밀튼이라는 맹인에 의해 쓰여졌다. 나머지 한 명인 단테도 만년에는 거의 눈이 보이지 않았다. 위인들 중에는 자신의 에너지를 분산시키지 않고 한 곳에 집중해서 어떤 형태로든 장애를 입게 된 것처럼 보이는 사람들이 있다.

원고를 몇 번이고 거절당하면서 소설가가 된 사람이 아주 많다. 좌절이 잠들어 있던 에너지와 목적의식, 파워를 깨워 성공으로 인도했다. 역으로 시련과 싸울 필요가 없어 선천적으로 가지고 있는 재능을 매장시켜버린 사람도 수없이 많다.

위대한 발견을 위해 연구에 심취해 있던 뉴턴은 일주일에 2실링밖에 되지 않는 왕립 학사원 회비조차 내지 못했다. 그래서 친구들은 그가 회비를 면제받을 수 있도록 힘썼지만 뉴턴은 그것을 용납하지 않았다고 한다.

에머슨(미국 사상가 겸 시인)은 어릴 적 일찍 남편을 여읜 어머니에게 단돈 5센트를 달라는 말을 못 꺼내 한 시리즈의 책 2권째를 사지 못했다.

스웨덴의 식물학자 칼 폰 린네는 고학생이라 헌 신발에 종이를 덧대 수선하고 친구들에게 자주 밥을 얻어먹었다.

초대 재무장관인 알렉산더 해밀턴이 정적과의 싸움으로 목숨을 잃었을 때 추모 연설을 한 목사는 일약 유명해졌다. 그는 너무 가난해서 코트조차 살 수 없었다. 그의 아내는 소중하게 기르고 있던 양의 털을 깎아 그 털로 실을 짜 코트를 만들었다고 한다.

미켈란젤로는 교황 율리시스 2세의 거대한 브론즈 동상을 제작하고 있을 때 —이것은 대영제국에 보관돼 있는 그의 친필 편지에 적힌 내용인데— 돈이 없어 동생 볼로냐를 부를 수 없었다고 한다. 공방에는 침대가 하나밖에 없었고, 그 침대에서 세 명의 형제가 한데 엉켜 잠을 자고 있었기 때문이다.

프랑스 작가 에밀 졸라는 신출내기 시절 지갑은 항상 텅 비어 있었다고 했다. 그는 "빈털털이가 돼 돈을 구할 데도 없었다. 새벽 4시에 일어나 날계란 하나로 아침식사를 마치고 공부에 전념했다."고 밝혔다. 그래도 그는 이 시절을 사랑했다. 강가를 산책하고 다락방으로 돌아오면 사과 세 개로 저녁식사를 마치고 다시 일에 몰두했다. 글을 쓰는 것만으로 행복했다. "겨울에도 비싼 장작을 살 수 없어 기념일밖에 불을 지필 수 없었지만 담배와 세 개의 초가 있었다. 생각해보라. 단 세 개의 촛불 덕분에 나는 밤마다 문학에 젖어들 수 있었다."

재봉틀을 발명한 일라이어스 하우는 런던에서 최초의 재봉틀 개발 중에 돈에 쪼들려 자주 빚을 졌다고 한다. 아내를 고향 미국으로 보내기 위해 돈을 빌렸고 처음 만든 재봉틀은 50파운드의 가치가 있었지만 5파운드에 팔지 않으면 안 되었다. 그리고 제작 경비를 마련하기 위해 특허장을 전당포에 맡길 정도였다.

씨앗이 굳은 땅과 바위를 피해 뿌리를 내리고 대기와 태양빛을 맞고 폭풍과 눈비를 맞으며 자랄수록 그 나무는 더욱 튼튼하고 크게 자란다.

앉아서 기회를 기다리는 사람에게 성공은 제 발로 찾아오지 않는다. 성공하고자 하는 사람은 스스로 기회를 만들어야 한다. 성공은 상황이 호전되길 기다리지 않는다. 맞닥뜨린 모든 상황을 해결하고 상황을 자신의 것으로 만들어야 한다.

한 선생님이 이렇게 말했다. "평생 고생하고 싶지 않니? 그렇다면 제대로 된 인생을 살 수 없다. 시련이 없다면 자신의 실력을 알 수 없다. 책을 읽는다고 수영을 잘하게 될 수는 없다. 시련은 자각과 자립심을 키우는 토양이다. 시련은 엄한 선생님이지만 엄한 선생님은 강한 학생을 키운다. 평생 부족한 것 없이 얼굴에 주름조차 없이 죽은 사람은 반쪽짜리 인생밖에 살지 못한 사람이다. 시련은 신이 우리에게 주신 사명이다. 그것은 신이 우리를 신뢰하고 있다는 증거라고 생각해야 한다. 우리는 최고의 선을 지향해야 한다."라고.

고대 그리스의 웅변가 데모스테네스만큼 보통 사람조차도 절망할 정도의 시련을 이겨낸 사람은 없다. 데모스테네스는 목소리도 작고, 언어 장애에다 호흡도 가빠 단 한 줄의 문장도 단숨에 읽어 내릴 수 없었다. 첫 연설에서 청중들의 야유와 비웃음을 샀다. 처음 연설에 성공한 것은 그의 재산을 책임지고 있던 후견인의 횡령을 고소했을 때였다. 연속된 실패로 의기소침해 있던 데모스테네스는 더 이상 연설을 하지 않으려고 했다. 하지만 그의 연설을 들은 한 사람이 이 젊은이에게는 뭔가 특별한 게 있다고 믿고 용기를 잃지 않도록 격려했다. 이렇게 해서 다시 청중들 앞에 서게 됐지만 여전히 청중들의 비난을 받았다. 풀이 죽어 단상에서 내려오는 그에게 한 유명 배우가 언어 장애를 극복하기 위해 더욱 노력하라고 격려했다. 결국 데모스테네스는 무슨 일이 있더라도 웅변가가 되겠다고 결심했다. 그는 바닷가로 가 파도 소리 속에서 언어 장애를 극복하기 위해 작은 돌을 입에 넣고 연설 연습을 했다. 동시에 청중의 야유와 비웃음을 극복하기 위한 연습도 했다. 쉽게 숨이 차는 체질을 극복하기 위해 바닷가를 달리면서 연설했다. 어색한 몸동작도 거울 앞에서 연습하고 교정했다.

시련은 그 시련을 이겨낸 만큼의 힘을 키워준다. 시련이 없다면 자신을 되돌아보고, 각오를 굳히고, 자신을 단련시킬 수 없다. 참나무가 수많은 폭풍우를 견뎌내며 뿌리를 내리고 가지를 뻗듯이 시련, 고통, 슬픔이 우리를 성장시켜준다.

세상의 발전에 공헌한 위인들은 안락한 환경에서 자란 것이 아니라 시련이라는 이불을 덮고 시련을 베개 삼아 자란 사람들이다.

훌륭한 칼은 불꽃에 단련되고 날이 선다. 고귀한 인격도 마찬가지다. 다이아몬드는 단단할수록 아름다운 빛을 발하는데 그 빛을 발하기 위해서는 더 단단한 연마제가 필요하다. 이 보석을 연마하기 위해서는 똑같은 강도의 연마제, 즉 다이아몬드 분말이 없다면 그 아름다움을 완전히 이끌어낼 수 없다.

부싯돌이 마찰 없이 불꽃을 일으킬 수 없듯이 역경이 없다면 우리 내면의 불꽃은 피어오르지 않는다. 열차와 레일의 마찰은 동력의 4분의 1을 빼앗는다고 한다. 그래도 열차가 움직일 수 있는 건 마찰 덕분이다. 레일에 기름을 붓고 마찰을 줄인다면 열차는 한 치도 앞으로 나갈 수 없다. 장애와 역경이 사라진 순간, 혹은 유산 상속 등으로 그 사람의 인생에 마찰이 없어진다면 사람들은 노력을 하지 않고 성장이 멈추고 만다.

철학자 칸트는 이렇게 말했다. "대기가 없다면 새들이 더욱 빠르고 쉽게 날 수 있을 것이라고 생각할지도 모른다. 하지만 대기가 사라진 하늘을 날아야 한다면 새들은 그대로 땅에 떨어지고 말 것이다. 비행을 방해하는 공기가 모든 비행을 가능하게 하고 있는 것이다."

인류에 공헌한 발견과 발명의 대부분은 세상에 인정받기까지 수많은 장애를 이겨냈다. 진보적인 사람조차 처음에는 반대하기도 한다.

영국의 찰스 네비아 장군은 해군의 증기기관 도입에 격렬히 반대했다. 영국 하원에서는 "의장, 우리가 대영제국군에 들어왔을 때 전쟁이 나서 몸이 갈기갈기 찢기고 총탄으로 벌집이 되더라도 포탄으로 몸이 산산이 날아가버려도 상관없다고 각오했다. 하지만……"이라고 말한 뒤 더욱 강조했다. "산 채로 솥 안에 들어갈 수는 없소."

인생은 우리를 가르치기 위해 은혜라는 학교가 아니라 곤경이라는 학교로 보냈다.

원래 노예였고 노예 해방 운동의 리더였던 프레드릭 더글러스는 만년에 흑인 학생들을 대상으로 한 강연에서 이렇게 말했다.

"겨우 6살에 부모를 잃은 흑인 소년이 있었습니다. 노예 신분이라 아무도 보살펴주는 사람이 없었지요. 한 겨울에는 머리를 자루에 넣고 다리는 잿 속에 파묻어 창고에서 잠을 청했습니다. 옥수수 대를 구워먹었고 닭장에 몰래 들어가 달걀을 훔쳐 불에 구워먹기도 했습니다. 이 소년은 여러분들처럼 바지도 제대로 입지 못했고 학교에 갈 생각조차 하지 못했습니다. 낡은 사전을 보면서 글을 익혔고, 읽고 쓰기는 지하 창고 문에 붙어 있던 포스터를 보며 사람들에게 물어가며 공부했습니다. 나중에 그는 설교와 강연을 하게 됐고 유명인사가 됐습니다. 대통령 선거인, 집행관, 재판관, 외교관 등을 역임하며 재산도 모았습니다. 그는 후일 좋은 옷을 입고 테이블 바닥에 떨어진 빵부스러기 때문에 개와 싸우지 않아도 됐습니다. 그 소년의 이름은 프레드릭 더글러스, 그렇습니다. 그 소년이 바로 접니다.

내가 할 수 있었으니 여러분도 가능할 것입니다. 흑인이라고 해서 성공할 수 없다는 편견은 버리고, 지식을 쌓아가듯이 열심히 노력하십시오. 무지한 사람은 동료들의 존경을 받을 수 없습니다."

거의 신과 같은 존재의 사람에게는 더욱더 위를 지향하는 강한 동경심이 있다는 걸 우리는 깨닫지 못하고 있다. 부족함과 궁지를 경험하지 못하면 우리는 내면의 신을 깨닫지 못한다.

두 사람의 강도가 교수대 옆을 지나가다 한 명이 말을 했다. "교수대가 없다면 우리가 안심하고 강도짓을 할 수 있을 텐데"라고. 그러자 다른 한 명이 대답했다. "바보 같은 소리 하지 마. 교수대가 있으니 우리가 있는 거야. 교수대가 없다면 모두 강도가 됐겠지?" 이것은 모든 비즈니스 상황에서도 꼭 맞는다. 힘들기 때문에 경쟁자가 다가올 수 없는 것이다.

세르반테스는 마드리드 감옥에서 『돈키호테』를 썼다. 가난 때문에 마지막 부분은 종이가 아니라 가죽 조각에 썼다. 부자에게 도움을 청했지만 그 부자는 이렇게 말했다. "신은 이 자의 결함을 채울 것을 금했다. 그의 가난이 세계를 풍요롭게 할 것이다."

투옥됨으로써 뛰어난 정신과 열정의 불이 타오르게 된 경우가 많다. 『로빈슨 크루소』도 감옥에서 쓰였다. 버니언의 『천로역정』은 베드포드 감옥에서 출판됐으며 그 밖에도 옥중에서 쓰인 작품들이 많다.

한 음악가는 재능은 있지만 열정이 부족한 여성 가수를 이렇게 평가했다. "내가 독신이었다면 그녀와 결혼하고, 그녀를 학대해서 절망에 빠지게 할 것이다. 그러면 그녀는 반 년 만에 유럽 제일의 가수가 될 것이다."

베토벤은 롯시니를 이렇게 평가했다. "그에게는 훌륭한 음악가가 될 수 있는 소질이 있다. 만약 어릴 적에 시련을 겪었더라면… 하지만 너무 쉽게 작곡을 할 수 있어 안주해버렸다."

마음속으로 바라는 것을 얻기 위해 분투하고 있을 때 그 사람의 최고 장점이 드러난다. 마틴 루터는 교황과 격렬한 논쟁을 할 때 최대의 업적을 남기고 훌륭한 인격을 형성했다. 그의 만년에 아내가 이렇게 물었다. "교황의 지배를 받고 있을 때는 우리는 자주, 열심히 기도했는데 지금은 어째서 기도하는 횟수도 줄고 냉담한 기도만 하나요?"

크림전쟁 때, 요새 안에 포탄이 떨어져 아름다운 정원이 파괴됐다. 그런데 그 구덩이에서 샘이 솟더니 그 뒤로 전혀 마르지 않았다고 한다.

불행과 슬픔으로 마음에 구멍이 뻥 뚫린 자리에 귀중한 경험이라는 마르지 않는 샘물이 흐르며 새로운 기쁨이 샘솟는다.

아무리 재산을 잃었더라도 탄식하고만 있어서는 안 된다. 전능한 신조차 부가 방해를 한다면 위대한 힘을 발휘하지 못할 지도 모른다. 신은 당신의 마음속에 다이아몬드를 발견하고 그것이 가난으로밖에 연마되지 않는다는 걸 꿰뚫어보고 있는지도 모른다. 신은 당신의 인생에서 가장 풍요로운 것이 무엇인지 알고 어떤 연습, 어떤 수업이 그것을 이끌어내는 데 필요한 것인지 알고 있다.

많은 사람이 모든 걸 잃고 나서야 자신을 깨닫게 된다. 시련으로 부를 잃고 나서 처음으로 그들은 진정한 자신을 발견할 수 있는 것이다. 장애와 역경은 생명력을 아름답게 해주는 정이고 망치이다. 부서지고, 잘리고, 갈리지 않는다면 천사의 조각은 대리석 안에 영원히 잠들어 있을 뿐이다. 우리 마음속에 잠재된 고결한 자신은 재난에 의해 부서지고, 장애라는 칼날에 잘리고, 무수한 고뇌 속에 연마되지 않는다면 인생이라는 황량한 벌판에 잠들고 있을 뿐이다.

수없이 많은 사람들이 사업 실패로 모든 걸 잃거나 병으로 건강을 해쳤을 때 자신의 가장 위대한 아름다움을 연마하게 된다.

또한 파멸로 구원받은 사람도 많다.

카스트랄은 "다른 환경이었다면 사보나로라(도미니크회의 수도사)는 분명 좋은 남편, 좋은 아빠가 되었을지는 몰라도 역사상 무명의 인물로 남아, 사람들의 영혼에 그렇게 깊은 흔적을 남기지 못한 채 인생을 마감했을 것이다."라고 했다. "하지만 불행이 그에게 찾아들고, 그의 마음을 갈기갈기 찢어, 슬픔에 잠긴 영혼을 상징하는 독특한 애수를 남겼다. 그의 이마에 가시관을 쓰게 한 그 슬픔은 불멸의 영광을 가져다주었다. 원래 그의 희망은 사랑하는 여인을 얻는 것이고 그의 인생은 그녀를 자신의 것으로 만들기 위해 소비했다. 그녀의 가족으로부터 그의 직업과 인품에 대해 거절당했을 때 사보나로라는 죽음을 맞이할 것이라 믿었다. 하지만 그에게 찾아온 건 불멸의 명성이었다."

어리석은 자들은 역경에 화를 내고 겁쟁이는 실망을 하지만 현명하고 근면한 사람은 그 재능을 꽃피우고 겸허한 사람들은 실력을 기를 생각을 한다. 역경은 자만한 마음을 신중하게, 게으른 사람을 성실하게 만든다. 항상 성공과 부의 행운이 따른다면 그 삶은 세상에서 아무런 도움도 행복도 얻지 못한다. 바다를 뒤흔드는 태풍처럼 시련의 태풍은 인생이란 여행자의 소질을 깨우쳐주고 재능과 지혜, 기술, 불굴의 정신을 이끌어낸다. 언제나 태양의 은혜를 받고 있는 사람은 8월의 대지처럼 메마르고 딱딱하게 굳어버린다.

병상에 누워 있던 페이슨 박사가 웃는 얼굴로 이렇게 물었다. "신은 어째서 인간을 이렇게 병들게 하는 걸까요?" 문병객이 "글쎄요?"라고 대답하자 박사는 "얼굴이 앞을 향하게 하기 위해섭니다."라고 대답했다. 문병객은 "저는 박사님을 위로하기 위해서 온 게 아닙니다. 지금은 슬퍼할 때가 아닙니다."라고 말했다. 이 말을 들은 페이슨 박사는 "그 말을 들으니 기쁘네요."라고 했다. "그렇게 말해주는 사람이 거의 없어요. 저는 사람들에게 위로받기를 원하지 않습니다. 그런데도 모든 사람이 저를 위로하려고 하지요. 돈도 있고 연설가로 성공했을 때야말로 위로가 필요했었지만 그때는 사람들이 제게 아부를 하며 칭송했습니다."

안락이 아니라 노력, 재능이 아니라 시련이 사람을 위대하게 하고 성공시키며 부를 가져다준다. 고생해서 밭을 경작하지 않으면 성공은 얻을 수 없다. 시간을 들여 훌륭한 인격을 연마하는 것도 성공하기 위한 중요한 조건이다.

현대는 '지팡이'의 시대이다. 지원과 원조가 세상에 널려 있다. 우리를 대신해 이것저것을 생각해주는 사람이 있다. 책을 읽으면 어려운 것도 알기 쉽게 설명돼 있어 문제도 해결할 수 있다. 대학 공부에서도 편리한 도구가 널려 있다. 신문을 읽으면 정치를 알 수 있고, 목사에게 물으면 신앙에 대해 알 수 있다. 자립이나 독립이라는 말은 이미 시대에 뒤쳐진 듯하다.

자연조차 그 위대한 힘으로 행복을 추구하는 우리들의 뒷받침을 해주고 있는 듯하다. 자연의 힘으로 에덴의 동산에서 추방된 이래 우리에게 주어진 중노동에서 해방됐다. 하지만 자연이 보내는 메시지를 착각해서는 안 된다. 자연은 우리에게 가장 높은 사명을 요구하고 있는 것이다. 자연은 사라지지 않는 한 우리를 편하게 놔둘 생각이 없다. 육체의 무거운 짐에서 해방된 것은 머리와 마음을 더욱 많이 쓰게 하기 위함이다.

조각가가 대리석 속에 잠들어 있는 천사만을 생각하듯이 자연도 인간 속에 잠재돼 있는 인간에 대해서만 생각한다. 조각가가 돌 그 자체에 대해서는 생각하지 않는 것과 마찬가지로 자연도 흙덩어리와 인간에게는 관심이 없다. 조각가는 필요 없는 부분을 잘라내 돌 속에서 천사를 끄집어낸다. 자연 또한 인간을 사정없이 깎아내서 우리의 가능성을 끄집어낸다. 자존심을 짓밟아버리고, 야심을 무너뜨리고, 명성이란 계단 위에서 밀어 떨어뜨리는 등 온갖 방법으로 우리를 단련시킨다. 모든 것이 우리에게 기개를 품게 하기 위한 것이다. 자연이 요구하는 것은 안일함이나, 쾌락, 행복이 아니라 기개다. 완고하게 밀고 나가는 '기개'. 그것이야말로 다른 그 어떤 것보다도 성공과 부를 끌어들인다.

끝까지 해내는 기개야말로 자신의 성공과 부의 원천이다.

희망이 깨져 절망에 빠지더라도 그것을 교훈 삼거나 행운의 덧없음을 있는 그대로 받아들이고 그것을 뛰어넘는 사람이야말로 진정 풍요로운 사람이다.

노력을 위해 쓰이는 근육은 아름답게 발달하는 것이다.

자신에게 들어온
재물을 헛되이 쓰지 마라

불필요한 호사나 어리석은 투자로 저금할 수 있는 금액을 날려버려서는 안 된다.

벤저민 프랭클린은 저축하는 습관이 어떤 결과를 가져다주는지 잘 보여준 표본이다. 초를 만드는 가난한 집안의 15번째 아들로 태어나 10살 때부터 아버지 공장에서 일하며 생활 전선에 뛰어들었다. 이런 환경에서 프랭클린은 자신의 노력만으로 애국자, 정치가, 발명가, 외교관, 철학자, 예술가, 그리고 유머 감각으로도 유명한 인물이 됐다.

이런 출세는 그의 검약한 습관으로 실현됐다. 여기서 검약이란 수입을 얼마나 현명하게 쓸까 하는 경제적인 절약을 의미하는 게 아니다. 인생의 모든 면에서 시간과 정열을 어떻게 쓸지를 의미하는 것이다. 그에게 있어 검약이란 비즈니스와 돈을 신중하게 쓰는 것만이 아니라 건강과 체력 등 인생의 모든 자본을 소중히 여기는 것이기도 했다. 프랭클린은 검약가이면서도 쓸 때는 후하게 마지막 1센트까지 어려움에 처한 사람들을 위해 나눠줬다.

프랭클린의 좌우명은, 아니 그의 인생 자체가 "신은 스스로 돕는 자를 돕는다."라고 하는 성서의 말 그대로다. "스스로 돕는 자"가 되길 바라는 사람이 맨 처음 배워야 할 것은 프랭클린이 항상 중요성을 역설했던 '저축'이다.

저축의 단위는 1센트나 1펜스라도 상관없다. 따라서 아무리 적은 월급이라도 저축을 해서 부의 바탕을 만드는 것이 가능하다.

저축, 검약을 의미하는 Thrift라는 말은 원래 "물건을 확실히 붙잡는다."라는 의미가 있어 낭비와는 정반대로 물건을 소중하게 쓴다는 느낌이다. 눈앞의 것에 욕심을 내지 말고 소박한 생활을 하다 보면 결국 부가 축적되고 정당한 소망이라면 맘껏 추구할 수 있다는 것이다.

검약의 중요한 조건은 수입 이상으로 돈을 쓰지 말고, 아무리 적은 금액이라도 저축하고, 모은 돈의 일부는 미래를 위해 아껴두는 것이다. 10년이 넘게 충분한 월급을 받고 일하다가도 사정에 의해 직장을 잃게 된 순간 저축된 돈이 전혀 없어 곤란을 겪는 사람이 너무 많다. 대부분의 사람은 자신의 불운을 한탄하기만 할 뿐 냉정하게 사실을 분석하고 이것을 귀중한 교훈으로서 가슴에 새기려 하지 않는다.

운명의 여신만 찾지 말고 귀를 잘 기울여 들어보면 불필요하게 쓰여 자신들의 가치를 제대로 발휘하지 못한 돈의 탄식이 들릴 것이다. 어떤 역경에 부딪히더라도 기억에 남을 만한 곳에 쓴 돈이라면 후회하지 않는다.

마음의 준비도 되지 않은 상태에서 수입이 끊겨버린 사람도 있다. 오랫동안 직장을 다녔지만 월급을 타고 나면 남김없이 다 써버리는 습관 때문에 미래에 대해서는 전혀 생각하지 않았다. 그는 절망적인 표정으로 이렇게 말했다. "매일 조금씩이라도 저축을 했다면 15년 동안 얼마나 많이 쌓였을까? 게다가 이자까지 붙었을 거야. 정말 어리석었어. 모든 게 다 내 잘못이야."

이런 노동계급일수록 아주 작은 금액부터 매일 저금해야 된다. 막대한 재산이라 할지라도 처음에는 아주 적은 돈에서 출발해 커진 것이다. 작은 습관이 커다란 차이를 만든다는 것은 인생의 소중한 진리이며 이것은 아무리 역설을 해도 모자라다. 1센트가 모여 10센트, 1달러가 된다. 푼돈이라 우습게 여기는 것은 어리석은 행동이며 이치에 맞지도 않는다.

혼자서는 아무것도 할 수 없더라도 많은 사람이 모인다면 지구를 지배할 정도의 힘이 생기는 것과 마찬가지다.

단 1펜스가 얼마나 커지는지를 본다면 현자라 불리는 사람들도 놀랄 것이다. 그것은 모든 사람이 꿈꾸는 '돈이 열리는 나무' 이다. 당신도 그런 나무를 손에 넣고 노후를 그 나무 아래서 여유롭게 살고 싶다면 현명하게 행동하지 않으면 안 된다. 앞으로는 작은 돈을 '돈이 열리는 나무' 의 씨앗이라고 생각하고 소중히 하라. 여기저기

굴러다니게 하지 말고 확실하게 심어두자. 처음에는 은행에, 그 다음에는 안전한 투자처에 맡겨라.

쓸데없는 데 돈이 지출되지 않게 주의한다면 누구나 경제적 자립을 이루고 자유롭게 살 수 있게 된다. 하지만 애석하게도 많은 사람들이 그러지를 못한다. 그들은 병, 실직, 은퇴 등에 대비해 수입의 최소한을 저축하지 못한 채, 들어온 돈을 먹고 마시는 데 써버리고 또다시 돈 때문에 곤경에 처하고 만다. 이런 식으로 저축을 게을리하면서 조금이라도 돈이 들어오면 눈앞의 쾌락에 써버리는 생활에 익숙해져버리면 노예와 다를 바 없는 생활에서 결코 벗어날 수 없다.

부를 얻고자 하는 꿈을 실현하기 위해서는 정기적으로 수입의 일부를 저축하도록 자기 자신에게 맹서하라.

앤드류 카네기는 "제일 먼저 배워야 할 것은 저축이다. 저축을 함으로써 여러 가지 습관 속에서 가장 소중한 절약이라는 습관이 몸에 밴다. 검약은 자산을 쌓는 명수다. 검약은 재산을 창출할 뿐만이 아니라 인격도 키운다."라고 말했다.

많은 사람들이 "검약이 곧 부이다."라고 하는 격언을 수도 없이 듣고 자랐지만 아무도 귀를 기울이지 않는다. 하지만 그것이 진리이며 아주 중요하기 때문에 격언이 되었다는 걸 마음에 새겨야 할 것이다. 저축률이 낮은 것은 현대 문명의 최대 해악이다. 낭비, 겉치레, 경쟁심은 현대 사회의 오점이다.

"수입의 범위 안에서 돈을 쓸 수 있다면 현자의 돌을 손에 넣는 것과 같다."라고 벤저민 프랭클린은 말했다. 하지만 많은 사람들이 자기가 버는 돈보다 많은 돈을 써버린다. 저축하는 습관을 기르지 못하기 때문에 '현자의 돌'을 손에 넣지 못한다.

미국의 대부호라 불리는 존 제이콥 아스터(뉴욕 월도프 아스토리아 호텔의 경영인)는 처음 천 달러를 모으는 것이 나중에 몇 천 달러, 몇 만 달러를 모으는 것보다 어려웠다고 회상했다. 하지만 그 천 달러를 모으지 못했다면 그는 가난한 채로 일생을 마쳤을지도 모른다.

대다수의 사람들은 자신을 컨트롤하려고 하지 않는다. 미래를 위해 현재의 쾌락과 안이함을 희생하려 하지 않는다. 그것 때문에 허무한 즐거움을 위해 돈을 쓰고 내일은 생각하지 않는다. 그러면서 성공한 사람을 증오하고 자신들은 왜 성공하지 못할까 고개만 갸우뚱거린다. 그들은 미래를 위해 지식도, 돈도 모으려 하지 않는다.

다람쥐는 여름이 언젠가 끝난다는 걸 알고 있다. 따라서 본능에 따라 겨울을 대비해 열심히 식량을 비축한다. 하지만 많은 사람들은 아무런 저축도 하지 않은 채 돈을 물 쓰듯 써대다가 병이 걸리거나 나이가 들어서도 의지할 저축이 한 푼도 없다. 눈앞의 쾌락을 위해 미래를 희생하고 있는 것이다.

놀고 있는 돈은 자신도 모르는 사이에 흘러가 버린다. 문득 깨닫고 "그 돈이 어디 갔지?"라며 이상하게 여기는 사람도 얼마나 많은 가? 우리는 돈에 대해 둔감하고 욕망에 약하다. 여기서 5센트, 저기서 10센트를 쓰며 일주일 뒤엔 상당한 금액을 써버리고 만다. 이걸 1년으로 환산한다면 엄청난 금액이 된다.

저축은 부의 바탕이 될 뿐만이 아니라 인격의 바탕도 된다. 저축하는 습관은 사람의 성격을 연마해 준다.

성서에 적힌 '방탕한 아들'의 이야기는 아들이 '방탕한 생활로 재산을 다 써버리고 만다'는 뜻으로 재산뿐만이 아니라 자기 자신까지 탕진해버린 것이다.

낭비 중에서도 가장 최악의 것이 자기 자신을 낭비하는 것, 즉 자신의 정열, 인격, 자존심을 허비하는 것이다. 저축 정신은 그런 정열과 인격을 역으로 강하게 해준다.

돈을 소중히 여기는 것은 인격을 소중히 여기는 것이기도 하다. 검약이란 낭비를 그만두고 나쁜 습관을 개선하는 것이며 건강한 몸을 되찾는 일이기도 하다.

저축하는 습관은 성공과 출세의 조건이기도 하다. 저축은 자립심을 키워 "세상에 도움이 되는 사람이 되자"고 하는 야망을 품게 한다.

작은 저축이 있는 것만으로도 자신감이 생긴다. 약간의 저축이나 주식을 가지고 있다는 안도감 덕에 세상을 당당히 헤쳐 나갈 수 있다. 앞으로 다가올지 모를 수많은 손실에 대해 방호벽이 되어줄 재물이 있다는 의식이 모든 상황에서 당신의 강점이 된다. 그것은 미래에 대한 불안을 잠재워 주고 실력을 충분히 발휘할 수 있게 해 불안과 공포심, 의심에서 오는 속박과 억압으로부터 해방시켜 마음껏 일에 몰두해 실패를 두려워하지 않고 앞으로 나갈 수 있게 해준다.

저축을 막는 천적은 빚을 지는 것, 지출 관리를 하지 않는 것, 그리고 할부를 이용하는 것이다.

최근 할부의 유혹이 점점 커지고 있다. '즉시 대출'이나 '90일간 변제 유예' 등 대출을 권하는 광고가 범람하고 있다. 거기에다 '편리한 지불 방법'으로 옷을 사고, 가구를 사라고 권한다. '편리한 지불'이란 것이 실제로는 당신의 생활에서 모든 '편리함'을 앗아가는 원흉이 된다.

할부에도 주의하자. 손에 넣기 힘든 고가의 물건을 몇 번에 나눠 마구 사들이는 사람이 많다. 그들은 그렇게 자신을 가난으로 떠밀고 있다. 손에 들어온 것은 금방 매력을 잃게 되는데 돈은 그러고도 한참을 빠져나간다.

많은 사람들의 쓰디쓴 경험이 "빚은 슬픔을 만든다."고 하는 격언에 함축돼 있음을 알 수 있다. 그리고 "빌리지도, 빌려주지도 말자"라는 셰익스피어의 말을 따르는 사람은 안전한 세계에 안주할 수 있을 것이다.

단, 검약과 저축이 인색함과는 다르다는 것을 기억해두자. 전자는 미덕이지만 후자는 칭송할 만한 성격의 것이 아니다.

씨앗을 뿌리고 성장을 위해 비료를 주지 않는다면 잘못된 절약이다. 경영자가 광고비를 아끼는 것도 식사나 옷을 아끼는 것도 마찬가지다. 저축한 돈은 땅속 깊이 감춰진 금맥과 마찬가지로 영원히 파헤쳐지지 않는다.

"이건 없어도 돼", "조부모 때부터 없었던 것이니 그냥 내버려 두자"라는 식의 주장을 하는 사람이 있다면 과연 어떨까? 아직도 촛불 아래서 책을 읽고, 도보나 말로 대륙을 횡단하고, 편지나 사람을 보내 이야기를 주고받겠다는 말인가? 부는 저축에서 시작되고, 인격은 검약으로 배양된다. 인격 양성이든 저축이든 염두에 둬야 할 것은 '낭비도 인색함도 안 된다'는 것이다.

사람에 따라 검약과 인색함 사이에 균형을 유지하는 방법도 다를 것이다. 그 균형을 유지할 수 있게 됐을 때 당신은 정신적으로도, 생활에 있어서도 '부'를 실감하게 될 것이다. 결함을 느끼지 않고 자신에게 자신감이 생길 것이다.

뉴욕 YMCA 달력에는 벤저민 프랭클린의 초상과 함께 "당신의 돈을 더욱 소중하게"라는 표어가 걸려 있다. 그리고 "청년 경제생활을 위한 십계명"이 적혀 있다.

1. 일해서 돈을 벌어라.

2. 예산을 세워라.

3. 금전출납부를 적어라.

4. 통장을 만들어라.

5. 생명보험을 들어라.

6. 자신의 집을 가져라.

7. 유언서를 작성하라.

8. 지급은 빨리 하라.

9. 신뢰할 수 있는 주식에 투자하라.

10. 타인을 위해 나누어줘라.

또한 달력에는 이렇게 적혀 있었다. "부로 이어지는 이 규칙을 인격의 일부로 삼을 수 있다면 믿음직스럽게 자립한 인간이 될 뿐만이 아니라 끊임없는 부, 마음의 안식, 그리고 행복의 바탕을 쌓게 될 것이다."라고.

돈을 현명하게 쓰자

아무리 긍정적인 사람이라도 가난과 빚으로 시달리고 있는 한
행복해질 수 없다. 앞으로 나아갈 희망을 잃게 되기 때문이다.

금전관리법을 익히고 생활비 사용 방법을 배우는 것만큼 성공에
도움이 되는 일은 없다. 왜냐하면 당신이 자립하고 사회에 나가 실
력 발휘를 할 수 있는지는 여기에 달려 있기 때문이다.

아이에게도 돈 관리 방법, 저금하는 방법, 자신을 성장시키고 풍
요로운 인생을 보내기 위해 현명하게 돈을 쓰는 방법을 가르쳐주어
야 한다.

아이에게 검약정신의 소중함을 가르치고, 돈의 진정한 가치를 가
르치고, 잘 생각해서 돈을 쓰도록 가르쳐야 한다. 어릴 때부터 돈의
의미를 가르치지 않으면 어른이 돼서도 돈을 현명하게 쓸 수 없다.

그런데 아쉽게도 대부분 어른이 돼서도 돈을 버는 방법은 둘째 치
고 돈을 쓰는 방법과 투자하는 법에 대해서도 올바른 판단을 하지
못하는 사람이 태반이다. 집안일을 걱정하지 않고 자유롭게 살기 위

한 정도의 경제적 자립을 확립하지 않은 채 정년을 맞이하고 죽음에 이르는 사람도 적지 않다.

오랫동안 열심히 일하며 중년을 맞이한 사람들 중에서 전혀 출세할 가능이 없는 사람을 가끔 만난다. 그들은 저금해둔 돈도 없고, 현명한 투자도 하지 않았다. 기회가 찾아와도 자금이 없어 기회를 살릴 수 없다. 돈 쓰는 방법을 모르기 때문에 세상에서 성공할 수 없다. 마치 우물 속 개구리처럼 기어오르려다 떨어져 다시 출발점으로 돌아오고 만다.

세상에서 돈처럼 잡기 어려운 게 없다. 돈은 손가락 사이로 새어나가고, 핸드백 구멍으로 빠져나간다. 돈을 많이 번 사람은 얼마든지 있지만 그 돈을 확실히 붙잡고 있는 사람은 소수에 불과하다.

돈을 현명하게 쓰기 위한 첫 걸음은 자신의 예금통장을 가지는 것이다. 절약 방법을 익히는 데 가장 최고의 방법이다. 어릴 때부터 그런 습관을 들이면 평생 잊지 않는다. 장래에 강력한 무기가 될 것이다.

사회에 나가면 자신의 일은 스스로 해야만 한다. 자립해서 생활비를 조달하고 수입을 최대한으로 활용할 필요가 있다.

머리를 쓰는 일을 하는 사람이든, 육체노동을 하는 사람이든, 자영업자든 전문직 종사자이든, 재택근무자이든 통근자이든, 수입이 높든 낮든 생활비를 제대로 배분하는 방법을 모른다면 항상 손해만 볼 것이다. 인색해져라는 것이 아니라 수입을 최대한 살려 쓰라는 것이다. 불필요한 호사나 어리석은 투자로 저금할 수 있는 금액을 날려버려서는 안 된다.

빚을 끌어안고 돈을 자유롭게 쓸 수 없다면 아이들에서 어른에 이르기까지 마음에 지울 수 없는 상처가 남는다. 장래가 촉망되는 사람이 빚에 허덕이다가 인생을 망치는 경우를 허다하게 봤다.

지금부터라도 늦지 않았다. 어떤 상황에 처했더라도 빚으로 인생을 복잡하게 만들지 않는 사람이 되자. 인생에 있어서의 성공, 꿈의 실현은 얼마나 발목에 족쇄를 채우지 않을지에 달려 있으며 어떡해서든 경제적인 자유를 지키지 않으면 안 된다. 마음껏 정열을 쏟아부을 수 있는 것이 얼마나 행복한지 알아야 한다. 빚에 발목을 붙잡히는 것만큼 손해 보는 것은 없다. 아무리 긍정적인 사람이라도 가난과 빚으로 시달리고 있는 한 행복해질 수 없다. 앞으로 나아갈 희망을 잃게 되기 때문이다.

빚은 미래를 망쳐버린다는 것을 절대 잊어서는 안 된다.

차를 사기 위해 빚을 얻는 사람을 많이 봤다. 그 가운데는 썩히기 아까운 재능을 지닌 인재도 있다. 가족들을 위해 지위에 걸맞는 삶을 살기 위해서라고 변명을 하면서 차 한 대를 사기 위해 집을 저당잡히는 사람까지 있다.

차를 사면 당장은 편해질 수 있다. 하지만 한편으로 그것이 오랜 세월에 걸쳐 당신을 얽매는 족쇄가 될지도 모른다. 마셜 필드는 이렇게 말했다. "수입 이상의 생활을 하고자 하는 최근의 경향이 많은 사람들을 파멸시키고 있다."

격식을 차리기 위해 수입 이상의 지출을 하는 것은 남들에게 평판을 좋게 하려는 것이지만 차라리 평판이 나쁘더라도 빚 없이 사는 것이 낫다.

시간은 돈이다

오늘이라는 날을 열정적으로, 적극적으로,
근면하게 보내지 않으면 미래를 기대할 수 없다.

어떤 분야든 시간의 소중함을 깨닫지 못하고 훌륭한 인생을 영위한 사람은 본 적이 없다. 시간은 우리에게 있어 가장 귀중한 재산, 중요한 보물이다. 우리의 성공, 행복, 운명은 시간 속에 있기 때문이다.

그럼에도 불구하고 많은 사람들이 시간을 낭비하고 있다. 그들의 최대 목적은 아무 일도 하지 않고 놀고먹는 인생을 사는 데 있다. 그것은 큰돈이나 다이아몬드를 바다에 버리는 것과 마찬가지라는 걸 그들은 모르고 있다.

짜투리 시간을 어떻게 보내고 있는가에 따라 그 사람이 성공할지 아닐지를 정확하게 점칠 수 있다.

한 상원의원이 이렇게 말했다.

"나는 살면서 수많은 위대한 군인, 정치가, 과학자, 학자, 경영자를 봐왔다. 그들의 성공 비결을 묻는다면 선천적인 재능보다 일을 마친 뒤 다른 사람들이 보통 멍하니 있거나 수다를 떨며 보내는 시간을, 이 사람들이 얼마나 효과적으로 활용했는지 말하고 싶다. 위대한 업적은 아주 평범한 사람이 실력을 최대한 발휘했을 때 이룩할 수 있다. 시간을 헛되이 쓰지 않고 전력을 다하는 사람이 성공한다."

많은 사람이 평범한 샐러리맨으로 매일 똑같은 일을 하는 것은 출세할 능력이 없어서가 아니라 여가시간을 활용하는 방법을 깨닫지 못하고 있기 때문이다.

성공하기 위한 노력이 부족하다는 말을 들으면 대부분의 사람들은 "하루 일과를 마치면 피로에 지쳐 공부할 엄두가 나지 않는다."는 변명을 한다. 이런 변명을 하는 건 좀 더 높은 곳을 지향할 의욕이 없기 때문이다. 그렇게 노력을 게을리 하면서 시간을 효과적으로 사용해서 성공한 사람들의 노력은 "운이 좋다."는 한마디로 정리하고 만다.

사실은 밤이 돼 낮과 다른 일을 하는 것은 뇌와 몸의 다른 부분을 활성화시켜줘 피곤하기보다 오히려 휴식이 된다. 물론 사람들은 제각각 필요에 따라 여가활동과 운동, 휴식을 취해야 한다. 하지만 피곤해서 밤에 공부를 할 수 없다는 사람일수록 함부로 에너지를 낭비하거나 아무 목적도 없이 허송세월을 보내는 경우가 많다.

평소 시간을 헛되게 보내는 것이 습관이 돼버리면 어떤 마법을 쓰더라도 빛나는 미래는 바랄 수 없다. 여가를 찾아 자신을 연마하는 것이 자기 자신을 미래의 부, 지식, 지혜, 힘, 명성 등으로 빛나게 하고 바라는 것을 얻기 위한 필수조건인 것이다.

당신의 실력에 어울리는 성공을 얻고 싶다면 시간을 헛되이 낭비하는 것을 멈추고, 몸과 마음의 낭비도 멈추고, 최고의 실력을 발휘해 성공하는 데 도움이 되지 않는 일에 에너지를 낭비하는 일을 그만두어야 한다.

"시간은 금이다."라는 격언을 우리는 수차례 들어왔다. 하지만 '시간'은 '금'보다 훨씬 중요하다. '시간'은 인생 그 자체이다. '시간'은 손가락 사이로 빠져나가는 모래처럼 순간순간 사라져 우리의 수명을 앗아가기 때문이다.

'시간'은 기회이기도 하다. '시간'은 성공을 위한 자본이며 목표 달성의 가능성이기도 하다. 꿈이든 목표든 당신이 지향하는 모든 것이 '시간'에 달려 있다.

빅토르 위고 말했다. "인생은 짧다. 우리는 자신도 모르는 사이 시간을 낭비함으로써 인생을 더욱더 짧게 살고 있다."

이 말을 책상 앞에 붙이고 매 시간에 감춰진 가능성을 끝없이 떠올려라. 일 분 일 초를 소중히 쓸 것을 맹세하고 그대로 따르라.

당신은 이미 당신 운명의 설계자이며, 숙명의 지배자이며, 지금 이 순간도 당신은 당신 자신의 미래를 창조하고 있다. 당신은 하루하루 지향하는 목표에 다가가고 있거나 멀어지고 있거나 둘 중 하나다.

1년 동안 준비한 시험에 불합격한 사람은 그 1년의 값어치를 안다. 아홉 달만에 나온 미숙아를 낳은 어머니는 한 달이 얼마나 소중한 시간인지 안다. 교도소에서 단 하루 휴가를 얻어 나온 죄수는 하루의 절박한 가치를 안다. 그리고 올림픽에서 0.1초 차이로 금메달을 놓친 육상 선수는 0.1초의 중대함을 안다. 평소의 1분, 1시간이 말로 표현할 수 없을 만큼의 가치를 가지고 있다. 당신이 품고 있는 모든 꿈은 이런 시간 속에 감춰져 있는 것이다.

아무리 시간에 쫓기고 혹독한 일을 하더라도 출퇴근 시간에 버스나 전철 안에서 책을 읽거나 공부를 해서 더욱 많은 돈을 벌 수 있는 실력을 키울 수 있다.

우리는 성장을 하면서 시간을 소중히 여기게 된다. 위대한 사람들은 시간을 귀중한 재산, 인생에 부를 가져다 줄 자본으로 여기고 있다. 갑부가 되길 바라거나, 돈과 관계없는 분야에서 성공을 바라더라도 여가를 어떻게 활용할지에 모든 것이 달려 있다는 것을 그들은 알고 있었다.

아침에 일어났을 때, 일을 시작하기 전에, 그리고 일과 중에도 "나는 오늘 하루를 유익하게 보내겠다."고 자신에게 말하자. 이것을 매일 반복하면 인생의 모든 면에서 놀랄 만큼 효과가 나타날 것이다. 능률도, 일의 질도, 최대한으로 끌어올릴 수 있을 것이다. 인격적으로도, 금전적으로도, 커다란 변화가 찾아올 것이다.

사람들에게는 모두 하루 24시간, 1년 365일의 평등한 시간이 주어진다. 성공과 실패를 나누는 결정적인 차이는 이 시간들을 어떻게 쓰는가에 달려 있다. 개미에게도 베짱이에게도 여름과 겨울은 같은 시간을 허락한다.

지나치는 순간순간에 무엇을 하면서 소중한 시간을 보낼지를 생각하라. 그런 순간순간이 쌓여 인생을, 인격을, 성공을 만들어간다. 미래의 수확은 지금 뿌린 씨앗에 달려 있다. 지금 이 순간을 바라는 성공, 바라는 인격, 바라는 인생에 어울리는 것으로 만들지 않으면 그것은 언제까지고 현실로 이루어지지 않는다. 오늘이라는 날을 열정적으로, 적극적으로, 근면하게 보내지 않으면 미래를 기대할 수 없다. 시간은 움켜줘 붙잡아둘 수가 없다. 시간이 손가락 사이로 새나가기 전에 최대한 활용해야 한다.

시간의 가치를 평소에 마음에 새기고 있다면 하루하루가 성공한 날이며 그런 나날들을 매일 지속한다면 꿈을 실현해나갈 수 있게 된다.

성공한 사람으로 보이게 하라

"대담하고, 엄숙하게, 위엄을 가지고 나아가라.
그러면 누가 당신을 막을 수 있겠는가?"

저명한 은행가 프랭크 밴더립(록펠러 금융 황제를 대표하는 사람)이 시카고에서 신문기자로 일할 때, 상사에게 성공을 위해 가장 도움이 되는 것이 무엇인지 물었다. 상사는 곧장 "자신을 성공한 사람으로 보이게 하는 것"이라고 대답했다.

밴더립은 이 말에 강한 인상을 받아 외관, 특히 복장에 관한 생각을 180도 바꾸어버렸다고 한다. 그 뒤로 복장을 단정히 하려고 노력하며 품행 전체에 주의를 기울이게 됐다. 상사의 한마디로 외관의 중요성, 특히 그것이 첫인상을 결정해버린다는 것을 깨달았다. 부자로 보이지 않는다면 능력도 없는 사람으로 보이게 된다.

"무슨 문제가 있겠지, 그렇지 않으면 더 멋진 옷을 입고 있었을 텐데……"라고 상대가 편견을 갖게 된다고 확신하게 됐다.

하버드 대학의 전 총장 엘리엇에 의하면 대부분의 경우 사람에 대한 평가는 그 사람과 말한 적이 없고, 만난 적이 없는 사람에 의해 결정된다고 한다. 사람에 대한 평판은 여러 가지 경로를 통해 사방팔방으로 퍼져간다. 그리고 그 사람의 인생에 커다란 영향을 끼친다.

이 사람은 인생의 승리자다, 언젠가 뛰어난 인물이 된다, 세상에 도움이 된다고 하는 인상을 모든 사람에게 영향을 주는 습관을 가질 수 있다면 얼마나 멋진 일인가? 그런 분위기를 모든 행동에서, 이야기 중에, 외관에서도 드러나게 하라. 모든 면에서 "이 사람은 승리자다. 주목을 해야 한다."고 세상 사람들에게 인식을 시켜라.

엄청난 승리를 손에 쥐고 싶다면 성공한 사람다운 태도, 성공한 사람다운 외관에 주의를 기울이자. 가난한 낙오자 같은 분위기를 풍기며 초라한 복장에 예의범절, 에너지, 적극성, 진취적 성품도 보이지 않으면 남들은 당신을 성공할 수 있는 사람으로 봐주지 않는다.

물론 초라한 행색으로 면접에 온 사람이 실제로 훌륭한 재능을 가지고 있을 수 있다는 것도 경영자는 알고 있다. 하지만 그런 우연을 기대해서는 안 된다. 자신을 그렇게 초라한 행색으로 방치해두는 사람이 실제로 귀중한 인재일 확률은 그리 높지 않다. 그런 낮은 확률에 회사의 미래를 걸 경영자는 거의 없을 것이다.

복장, 태도, 말투 등은 모두 당신의 야심에 맞지 않으면 안 된다. 그것은 모두 당신의 목표달성을 도와주는 것이며 하나라도 소홀히 해서는 안 된다. 당신 스스로 붙인 가격표로 세상은 당신을 평가한다. 당당한 태도를 취한다면 세상은 당신을 유리한 입장에 서게 할 것이다.

자신의 외관을 꾸미는 데 게으른 사람이 처음부터 역경에 부딪히거나 출세가 힘든 것은 세상 사람들의 평판이 얼마나 중요한지 알지 못하고 세상의 신용이 얼마나 큰 힘을 가지고 있는지 모르고 있기 때문이다. 따라서 첫인상으로 목표 달성을 위한 힘을 보여주는 데 게을리 해서는 안 된다.

걸을 때도, 이야기할 때도, 자신이 동경하는 인물이라고 스스로 생각하자. 그렇게 되면 보이지 않는 힘이 작용하기 시작해 자신도 모르는 사이 목표 달성을 위해 걸맞는 상황을 끌어당기게 될 것이다.

자신은 인생의 승리자이자 사회에서 성공하고, 사회에 공헌하겠다고 결심한 젊은이라는 분위기를 만들어라. 한 걸음 한 걸음을 힘 있게, 활달하게 하고 일거수일투족에 활력을 불어넣어라. 똑바로 앞을 바라보며 결코 주저하지 마라. 재능 있는 사람이지만 이런 모습밖에 못 보여드려 죄송하다는 태도를 취하지 마라. 당신이 세상의 도움이 되는 사람이라면 당신은 다른 모든 사람과 똑같이 살 권리가 있다. 혹, 세상에 도움이 되지 않는다고 할지라도 도움이 되고자 노력하면 그만이다.

아무리 울적한 일이 있더라도 당당한 태도를 잃지 마라. 당신의 태도, 평소의 생활 속에서 사람들에게 "나는 승리자다. 결코 백기를 들지 않겠다."고 선언하라.

상황이 좋지 않아 미래가 불투명해질수록 더욱 당당한 태도를 취할 필요가 있다. 초췌하고 지친 표정을 보인다면 당신은 과거의 인물이 돼버리고 만다. 패배자가 아닌 승리자의 사고를 겉으로 드러나게 하라. 바로 이 태도가 당신이 지향하는 목표로 당신을 데려다줄 것이다.

인생의 시련을 겪는 사람은 모두 출발점에서부터 잘못됐다. 인생에 있어 무언가를 성취하려면 먼저 마음가짐부터 시작해야 한다는 것, 경험의 축적 과정에서 실현되는 위대한 창조 활동은 그 사람의 내면에서 발생한다는 것을 젊었을 때부터 뼛속 깊이 새기지 않으면 안 된다.

많은 사람들이 주변 환경과 타인에게 너무 많이 의지한다. 하지만 생명의 원천, 사람이나 사물을 움직이게 하는 힘은 자기 내면에 있는 것이다.

자신은 부족한 존재다, 낙오자다, 실력을 제대로 발휘하지 못했다고 후회하지 말자. 빛나는 자기 이미지를 가지고 자기 가능성을 믿으며, 당당한 태도를 취한다면, 그리고 역경에 부딪치더라도 "어차피 난 안 돼"라며 체념하지 않는다면 개개인은 물론이고 이 세계 자체가 크게 발전할 것이다.

외관도, 생활의 모든 면도, 승리하는 사고로 전환시켜라. 자기 자신에 대해서도 자신의 장래와 일에 대해서도 진취적인 사고를 끊임없이 품어라. 그러면 꿈을 실현시킬 환경이 만들어진다.

"대담하고, 엄숙하게, 위엄을 가지고 나아가라. 그러면 누가 당신을 막을 수 있겠는가?"

사람을 파멸시키는 나쁜 습관 중의 하나는 자신을 패배자라고 생각하는 습관이다. 결코 이 함정에 빠져서는 안 된다. 물론 실패는 누구에게나 있을 수 있지만 실패할 때마다 거기서 교훈을 얻어 목표 달성을 위한 발판으로 삼아야 한다. 실패한 일에 주눅 들어 주변 사람에게 신세한탄만 한다면 당장에는 위로의 말을 전하며 동정할 것이다. 하지만 결국 이런 일들을 계기로 다른 사람들도 당신을 패배자로 낙인찍어 상대해주지 않을 것이다.

시련과 싸우는 것은 체육관에서 운동을 하는 것과 같다. 근육에 시동을 걸어 단련시킬 때마다 당신은 더욱더 강해지고 착실하게 앞으로 나아갈 수 있게 된다. 그 과정에서 푸념은 금물이다.

성공은 인간의 당연한 모습이다. 사람은 성공하도록 만들어진 피조물로 좌절하는 것은 창조주의 뜻에 반하는 것이다. 젊은이들에게 당당한 태도로 인생을 대하고 승리자처럼 행동하도록 가르쳐야 한다. 왜냐하면 사람은 성공하도록 만들어졌기 때문이다.

장래에 대해, 이상에 대해, 꿈에 대해 승리자의 분위기를 풍기자. 당신의 모든 것이 당신의 신념, 강인함, 도량, 승리를 드러내 보이도록 힘을 발산하자. 당신과 연관된 모든 사람이 당신을 타고난 승리자라고 인정하도록 해야 한다.

당신이 만나는 모든 사람들에게 알리자. 당신이 자신을 진취적으로 바라보고 있다는 것을, 그리고 자신은 사람들에게 전달할 메시지를 가지고 태어난 전도사처럼 그것을 널리 전하고 있다고 믿고 있다는 것을. 당신이 인생이라는 위대한 무대에서 숭고한 책임을 맡고 있다는 의식을 사람들에게 알리자. 그러면 두려워하던 것이 아니라 바라던 것이 보이게 된다. 그리고 꿈은 이루어질 것이다.

자립심을 키워라

노력하지 않고 목표만을 끝없이 추구하는 사람일수록
타인의 위대한 업적을 탐내게 된다.

누구보다도 자신을 의지하는 사람이 가장 강한 사람이다.

많은 재산을 상속받은 사람이 고귀한 영혼과 목적의식도 함께 상속받았다고는 할 수 없으며, 반드시 가장 높은 지위에 오르는 건 아니다. 최정상에 오르는 사람은 아무 발판도 없이 재산을 축적하고 자수성가하여 '명예의 전당'에 빛나는 높은 산 정상에 오른 이들이다.

어마어마한 재산을 남겼다 할지라도 자제심, 경험, 실력 등 자신이 그 재산을 모으기까지 필요했던 내적 힘을 물려주지 않았다면 과연 자식들에게 무얼 남겼다고 말할 수 있겠는가? 성취감, 성장의 즐거움, 스스로 해냈다는 기쁨, 꼼꼼함, 예민함, 인내력, 판단력, 정직함, 예의 바른 습관 등 몸에 밴 품성은 물려줄 수 없는 것들이다. 당신의 부 뒤에 감춰진 기술, 지혜, 배려심, 통찰력은 지갑에서 돈을 꺼내듯 내줄 수 있는 것이 아니다. 당신에게 가장 소중한 것이라도 아이들에게는 아무런 의미가 없다. 재산을 축적하는 과정에서 당신은 높은 지위를 유지하고, 재산을 지키기 위한 근력을 키우고, 정열을 키우고, 강인함을 몸에 익혔다. 당신에게는 경험을 통해서만 얻을 수 있는 힘이 있다. 그 힘 덕분에 당신은 높은 곳에 오를 수 있게 된 것이다. 당신의 부는 경험이며, 기쁨이며, 성장이며, 규율이며, 인격이었다. 하지만 아이들에게 그것은 유혹이며, 불안이며, 어쩌면 겁쟁이로 만들어버릴 수도 있는 요인이다. 부가 당신에게는 날개였지만 아이들에게는 가혹한 짐이 될 것이다. 당신에게 부는 선생님이며 힘의 원천이었지만 아이들에게는 태만과 무기력, 허약함, 무지의 노예로 만들 수 있는 독일 수도 있다. 당신이 아이에게 아무런 대가 없이 부를 맛보게 하면 아이들에게서 역사상 위대한 업적을 달성시키게 한 '부족함'이라는 분발 재료를 빼앗아버리게 되는 셈이다.

당신은 아이들을 위해 스스로에게 인색하게 굴어가며 재산을 물려주려고 노력했다. 그러면 아이들은 고생을 하지 않아도 되고, 시련도, 불운도 맛보지 않아도 된다고 생각했다. 하지만 당신이 도움의 손길이라고 생각한 것이 지팡이였다. 아이 손에 지팡이를 쥐어줌으로써 두 발로 우뚝 서서 걸을 의지를 박탈시켰다. 이런 의지가 없이 진정한 성공, 진정한 행복, 위대한 인격은 결코 얻을 수 없다. 정열도 에너지도 모두 사라져버릴 것이다. 기어오르기 위한 싸움으로 단련되지 않는다면 야심도 시들어버린다. 아이들 대신 당신이 모든 것을 떠안고, 모든 싸움을 대신한다면 성장해서도 여전히 세상 물정 모르는 애완견만 곁에 남아 있을 것이다.

대서양에 통신 케이블을 가설한 사일러시 필드는 죽기 직전에 이렇게 말했다.

"내게 아이들을 스스로 자립할 수 있게 할 용기가 있었더라면, 돈의 의미를 깨닫게 해줬을 텐데."

나이 어린 체코의 작곡가 모세레스의 작품을 본 베토벤은 곡 말미에 "신의 도움으로 곡을 끝냈다."고 적혀 있는 걸 발견했다. 그리고 그 아래 "사람은 스스로를 도와야 한다."고 적혀 있었다. 하늘은 스스로 돕는 자를 돕는 것이다.

한 젊은이가 다리 위에서 낚시를 하고 있는 사람들을 울적한 모습으로 바라보고 있었다. 젊은이는 가난으로 절망에 빠져 있었다. 그는 낚시꾼들 곁으로 다가가 어망 속을 들여다보며 한숨을 내쉬었다. "이게 내 거라면 얼마나 좋을까? 이걸 팔면 밥도 먹고 방값도 낼 수 있을 텐데." 그러자, 이 말을 들은 노인이 "그렇다면 필요한 만큼 가져가시오. 단, 조건이 하나 있소. 잠시 용무를 보러 다녀올 때까지 낚싯대를 들고 있어 주기만 하면 되오"라고 말했다. 젊은이는 기뻐하며 승낙했다. 하지만 노인은 시간이 꽤 지나고서도 돌아오지 않았고 젊은이는 안절부절 못했다. 그러는 동안 물고기가 빈번히 미끼를 물기 시작했다. 젊은이는 조금 전까지 울적했던 마음을 다 잊고 낚시에 전념하기 시작했다. 노인이 돌아왔을 때는 이미 어망에 들어 있었던 만큼의 물고기가 잡혀 있었다. 노인은 물고기를 나눠주면서 말했다. "약속대로 젊은이 몫을 나눠주겠네. '내가 원하는 걸 다른 사람이 가지고 있다'고 생각에 잠기지 말고 스스로 낚싯줄을 드리우면 되네. 이제 알겠나?"

스코틀랜드 호수에서 관광객을 태운 배가 돌풍에 휘말려 전복하기 직전이었다. 위기일발의 순간, 일행 중에 가장 체격이 건장하고 힘이 센 남자가 공포에 떨며 외쳤다. "모두 함께 신께 기도합시다!" 그러자 나이든 선장이 탄식하듯 말했다.

"그건 안 됩니다. 기도는 덩치 작은 사람들에게 맡기고 당신은 노를 저어주시오."

엄청난 부를 축적한 것으로 유명한 고대 왕 크로이소스에서 대부호 록펠러에 이르기까지 모두 공통점이 있다. 그들은 독립심이 왕성해서 다른 사람의 힘에 의존하지 않았다.

"인간은 수행하기 위해 존재한다. 인간은 외부에서 이루는 것이 아니라 자신의 내면에서 이룰 수 있는 것을 위해 살아가는 존재이다."고 괴테는 말했다.

노동은 성공과 부를 얻기 위한 유일한 방법이다. 신조차 노동이라는 대가만 지불한다면 뭐든 들어줄 것이고, 그렇지 않다면 아무것도 얻을 수 없다. 성공을 헐값에 사는 건 절대 불가능하다.

환경이 위대한 사람을 키우는 것이 아니다. 위대한 사람은 자신의 길을 개척하고 그 어떤 장애도 헤쳐 나가면서 자기 스스로 환경도 개척해나간다.

세상의 위대한 업적 대부분은 독립심에 의한 것이지만, 반면에 많은 사람들이 방황하며 목표를 잃고 만다. 기반이 될 자금이 없기 때문이라며 언젠가 행운이 찾아들기만을 끝없이 기다리고 있다. 부는 고생과 인내의 산물이며, 아부나 뇌물도 통하지 않는다. 그러나 고생이라는 대가를 지불하면 그것은 당신의 것이 된다.

"성공, 영예, 명성. 이런 마법의 단어는 야심이라는 뜨거운 피가 머릿속을 흐르게 한다. 하지만 결코 잊어서는 안 된다. 그것은 어디까지나 결과이지 원인이 아니라는 걸. 진취적 기상, 인내, 근면의 대가이며 이것은 영원불변의 법칙이다. 다시 말해 '대가를 지불하는 자만이 보수를 얻을 수 있다'는 것이다." 이것은 화가 쿤의 말이다.

당신은 바라는 보수를 얻기 위해 대가를 지불하고 있는가? 의지가 있는 곳에 길이 있다.

부라고 불리는 것의 90퍼센트는 인내력, 뼈를 깎는 노력의 산물이다. 한가지 일에 모든 노력을 쏟아 붓는 것이 평범한 사람에게 성공이라는 영예를 안겨줄 것이다.

고생을 꺼리는 사람일수록 성공과 부에 대한 이야기를 자주 하는 건 흥미로운 사실이다. 노력하지 않고 목표만을 끝없이 추구하는 사람일수록 타인의 위대한 업적을 탐내게 된다.

위대한 성공자들은 엄청난 일꾼들이다. 영국의 정치가 리처드 셔리던은 천재라 불렸는데, 의회를 압도한 그의 '재치 있는 언변'은 사실 몇 번이고 수정하고 연습한 다음 꼭 필요할 때 쓰기 위해 메모장에 적어두고 다녔던 것이다.

'천재'란 고통을 인내하는 사람을 말하는 것이다. 위대한 업적을 남긴 사람들의 명성은 엄청난 노력의 대가였다. 세상 모든 사람들의 칭송을 받는 위업을 쌓기까지 그들이 체력과 지력을 쥐어짜고 영원히 끝나지 않을 것 같은 고통을 견디면서 낙담을 맛보았다는 점을 알아야 한다. 우리는 소설과 시를 몇 분, 몇 시간 단위로 즐기며 읽을 수 있다. 하지만 그것을 쓰기 위해 작가가 얼마나 많은 세월에 걸쳐 섬세하게 다듬으며 아득할 정도로 작업을 반복했을지는 상상조차 할 수 없다.

위대한 문학작품을 쓰기까지 작가는 한 줄, 한 단락을 수없이 고치고, 때론 수십 번 고쳐 써야 한다. 때로는 자기의 생각을 적절히 표현할 한 단어를 생각해내기 위해 며칠이고 고심하기도 한다. 고대 로마의 철학자이자 시인인 루크레티우스는 한 시를 평생에 걸쳐 완성시켰다. 근대문학의 거장 디킨스는 일에 너무 집중한 나머지 '살인귀처럼 흉악한' 얼굴로 변했다고 한다. 철학자 흄은 매일 13시간씩『영국사』집필에 전념했다고 한다. 프랑스 철학자 루소는 부드러우면서도 생생한 문체의 비밀에 대해 이렇게 밝히고 있다. "첨삭을 반복해서 알아볼 수 없게 된 원고가 나의 노고를 말해주고 있다. 인쇄기에 올라갈 때까지 몇 번이고 고치지 않은 원고는 하나도 없다. 그중에는 한 문장을 일주일 동안 밤을 새가며 머리를 쥐어짜서 종이에 옮긴 적도 있다."

베토벤은 곡을 만들 때 섬세한 부분까지 꼼꼼하게 살피고 끈기 있게 노력했다는 점에서 그 어떤 음악가도 따라올 수 없다. 각각의 소절이 수십 번 이상 고쳐지지 않은 곳이 없다. 그의 좌우명은 "향상심으로 불타는 재능과 근면 앞에 '통행금지'라는 장벽을 세우지 마라"

라고 한다.

며칠 밤에 걸쳐 기번의 『로마제국의 흥망사』를 읽은 사람이라면 필자의 천재적 능력에 혀를 내두르게 될 것이다. 역사상 최고의 저술가 중의 한 사람인 플라톤조차 『국가론』을 아홉 번이나 고치고 나서야 만족을 했다고 한다. 고대 로마 시인 베르길리우스는 『농경시』를 쓰는 데는 7년, 『아이네이스』는 12년이나 걸렸다. 『아이네이스』의 완성도에 만족스럽지 못한 시인은 죽기 직전에 이 시를 불 속에 집어 던지려 했다고 한다.

아가일 경이 정원을 산책하고 있을 때 풀밭에 아이작 뉴턴의 『수학 원리』 라틴어 판이 놓여 있었다. 자신의 서재에서 나온 것이라고 생각한 경은 하인에게 이것을 도로 가져다 놓도록 명령했다. 하지만 정원사의 아들 에드먼드 스톤이 그 책이 자신의 것이라고 했다. 공은 깜짝 놀라 물었다. "너는 기하학과 라틴어, 뉴턴에 대해 아느냐?" 이에 에드먼드는 "조금 압니다."라고 대답했다.

"어떻게 그런 지식을 습득하게 됐느냐?"하고 다시 묻자, "한 하인에게서 10년 전에 글을 배웠습니다. 알파벳만 안다면 알고 싶은 모든 지식을 배울 수 있을 거라 생각했어요. 글을 배운 뒤 석공들이 와서 저택을 수리했습니다. 어느 날, 그들에게 가보니 건축가가 자와 컴퍼스를 이용해서 계산을 하고 있었습니다. 그런 도구들이 무얼 위해, 어떻게 쓰는 것인지 묻자, 그것은 산술이라고 가르쳐줬습니다. 그래서 산술에 관한 책을 구해 공부했습니다. 그 밖에도 기하학이라는 학문도 있다고 해서 역시 책을 사서 공부했습니다. 읽다 보니 그런 학문에 관해서는 라틴어로 된 양서가 있다는 걸 알게 됐습니다. 그래서 사전을 사서 라틴어를 공부했습니다. 이 분야에는 프랑스어로 된 양서도 있다고 해서 다시 사전을 사서 프랑스어를 공부했습니다. 이게 답니다. 저는 알파벳만 알면 뭐든 배울 수 있다고 생각합니다."

이 말을 들은 이가일 경은 깜짝 놀랐다.

고대인은 "너 자신을 알라"고 했다. 현대인은 "너 자신을 도우라"라고 한다.

자신을 단련시키는 일은 영혼을 새롭게 태어나게 한다. 원하는 것을 얻을 힘이 자신에게 있다고 생각하지 않는다면 그것은 이루어질 수 없다. 목표가 있다는 데 긍지를 가지고 그것을 실현할 수 있는 자신의 힘을 믿지 않는 한 그 목표가 달성될 리 없다. 사고의 한계는 가능성의 한계이며, 이상에 한계가 있다면 그것을 달성하는 데도 한계가 생긴다.

역으로 창조의 원천인 신념, 최선만을 기대하는 신념을 가지고 있다면 우주 속 부의 흐름과 마음이 통해 바라는 것을 이루기 위한 재료를 끌어당길 수 있다. 부는 바로 당신 옆에 있다. 그걸 끌어당길 통로를 만드는 것은 당신 자신이다.

우리는 바라는 것을 얻고자 할 때, 혹은 목표에 도달하고자 할 때, 가장 효율적으로 노력한다. 우리는 정점에 다다른 뒤가 아니라 정점을 향해 올라가고 있을 때 최대의 힘을 발휘한다.

내 책상 앞에는 모 대기업 직원으로부터 한 통의 편지가 와 있다.

이 사람은 오랫동안 승진도, 급여 인상도 거의 안 된 채 같은 지위에 머물러 있는 데 대해 불만을 토로하고 있다. "동료들에게 지지 않을 정도로 열심히 일을 하고 있습니다. 그런데 다른 사람은 모두 출세하고 저만 같은 위치에 머물러 있습니다. 그들에게는 연줄이 있지만 제게는 없습니다. 어떡하면 출세할 수 있을까요?'라고 그는 말한다. 이 젊은이의 문제점은 그의 출세를 막고 있는 요인이 자기 자신이 아닌 환경과 외부에 있다고 믿는다는 것이다. 문제는 그의 외부가 아니라 내부에 있다고 나는 단언한다.

인생을 헛되이 보내며 무슨 일이 일어나길 바라며, 누군가 자신의 뒤를 밀어줄 사람을 기다리고 있는 사람이 많다. 반면에 그런 환경의 혜택을 받지 못했지만 자신을 연마하고 능력을 향상시키는 사람도 있다. 대부분의 경우 눈앞에 있는 목표의 문이 숙명에 의해 닫혀 있으며 누군가의 도움이 없다면 그 문을 열 수 없다고 착각하고 있다. 그 문은 바로 자신에 의해 잠겨 있다는 것을 그들은 깨닫지 못한다.

외부의 도움 따위에 의지하지 말고 지금 당신이 가지고 있는 것, 지금 당신이 있는 곳에서 출발하자. 부의 법칙, 신이 주신 은혜의 법칙을 따른다면 1년 만에 지금의 상태를 극적으로 바꿀 수 있다. 닫혀 있다고 믿었던 문 저편으로 갈 수 있게 된다. 들어가려고 생각한다면, 다시 말해 통행료만 지불한다면 문은 활짝 열릴 것이다. 그 누구도 거저 들어갈 수 없다. 부모로부터 물려받은 통행증도 통용되지 않는다. 당신 스스로 대가를 치루지 않으면 영원히 들어갈 수 없다.

그 대가는 바로 노력이다. 성경 말씀에도 "두드리라, 그리하면 열릴 것이다."라는 말이 있다. 자신이 두드린 문으로만 들어갈 수 있다. 어느 누구도 대신해줄 수 없다.

뭘 바라든 당신의 실패를 예언하는 비관론자가 수도 없이 많이 나타날 것이다. 이렇게 경쟁이 심한 세상에서 자본과 배경이 없다면 자립할 수 없다, 그저 꿈에 불과하다는 소릴 듣게 될 것이다. 당연히 장애물이 있을 것이다. 역풍도 불 것이며 역경을 물리치고 목표에 도달하기 위해서는 상당한 각오를 해야 할 것이다. 하지만 진정한 경쟁자는 당신 자신 속에 있는 최고의 자신이다. 당신이 도달해서 쟁취할 수 있는 최고의 자신.

이 보이지 않는 경쟁자의 거친 반항을 물리치고자 하는 의지가 없다면 아무리 재능이 뛰어나다고 해도 의미가 없다. 자신의 능력을 전혀 발휘하지 못한 채 끝나고 말 것이다. 칭찬해야 하는 건 자신의 가능성, 자신의 능력으로 도달할 수 있는 최고의 정점을 끊임없이 추구하는 자세다.

능력 이상으로 자신을 높이는 건 불가능하다. 그것이 당신이 도달할 수 있는 최고점이다. 계곡 밑에 머물고 있다면 영원히 정상의 풍경을 만끽할 수 없을 것이다.

그런데 최고점에 도달하는 능력, 성공하는 능력을 당신은 모두 갖추고 있다. 그것을 실현하기 위해서는 당신에게 그림자처럼 달라붙어 있는 보이지 않는 경쟁자, 즉 '최고의 자신'을 항상 의식하는 것이 제일이다.

당신 내면의 하늘이 내려준 무적의 힘은 '최고의 자신'에서부터 흘러나온다. 당신이 성공할 의지가 있고 이 힘을 활용할 능력만 있다면 그 어떤 것도 목표의 문을 여는 일을 방해할 수 없을 것이다.

현미경은 다른 새로운 것을 창조하지는 않는다. 자연의 경이로움을 밝혀줄 뿐이다. 관찰력이 뛰어난 사람이라면 사물을 확대하는 현미경의 힘을 이용해 아무것도 없는 곳에서 아름다움을 발견할 수 있을 것이다. 마찬가지로 당신이 스스로 배우지 않는다면 기회가 없는 곳에서 기회를 발견할 수 없다.

단, 머리로만 사태를 해결하려는 태도는 피해야 한다. 예리한 눈을 가진 한 대학 교수는 "너무 많은 사람이 인생의 위대한 목적은 타인의 업적에 대해 읽거나 오래 고심하는 것이 아니라 스스로 업적을 쌓아 가는 것이라는 것을 잊기 십상이다."라고 지적하고 있다.

공부란 모두 최종적으로는 스스로를 성장시키고 스스로를 돕는 것이다. 당신이 진정으로 자립을 원하는지가 당신의 앞길을 좌우하게 된다.

기개는 부의 문을 여는 열쇠다

인생의 기로에서 다시 시간을 되돌리고 싶다는 생각이 떠오를 때를 주의하라.

'기개'는 모든 곤란을 헤쳐 나가는 만능열쇠다. 기개로 이룰 수 없는 건 없다.

기개가 빚을 갚게 해주고, 여자의 가는 두 팔로 집을 살 수 있게 해주고, 수천만 명의 사람들을 파멸의 늪에서 구하며, 시련에서 구해줬다. 가난한 소년 소녀들을 대학에 진학시켜주고 특출한 인물로 만들어주는 것도 기개다. 산허리에 터널을 뚫고, 강에 다리를 놓고, 대륙 간 케이블을 연결하게 하고, 대륙에 철도망을 깔게 해준 것도 기개이며, 그 대륙을 발견하게 해준 것도 기개다.

기개만큼 끝없이 목적 추구를 도와주는 것은 아직껏 찾지 못했다. 확고한 기개는 그 무엇과도 바꿀 수 없다. 교육, 부자의 혈통, 유력한 배경 등 환경과 운이 가져다주는 어떤 조건도 기개를 대신할 수 없다.

끝까지 해내겠다는 정신과 육체의 힘은 위업을 달성한 모든 사람들에게서 볼 수 있는 특징이다. 다른 소질은 타고나지 못한 채 독특한 성격과 약점이 있더라도 참을성과 기개를 갖추었다는 점이 성공한 사람 모두의 공통점이다. 그들은 어떤 고생에도 굴하지 않고 고통과 시련을 극복했다. 인내심이 있기 때문에 무슨 일이 있더라도 포기하지 않았다.

처음에 '기개'라는 재산을 가지고 있는 사람이 처음에 '돈'이라는 재산을 가지고 있는 사람보다 성공했다. 역사상 수많은 위업은 기개로 가난을 극복하고, 육체적 장애를 극복하는 데서 시작했다.

영국의 여류 문학가 크레이기 부인의 말에 의하면 미국이 성공한 한가지 이유는 실패를 두려워하지 않고 모든 정열과 마음을 다해 목표를 향해 매진한다는 점에 있다고 한다. 미국인은 실패하는 것은 꿈에서조차 생각하지 않고 아무리 실패하더라도 더욱더 각오를 단단히 하고 승리를 쟁취할 때까지 싸운다고 한다.

한 번 좌절하면 모든 것이 끝났다고 생각하는 사람이 많다. 실패하면 다시 일어서 더욱 기력을 다하고 각오를 굳게 하여 승리를 향해 전진하라.

결코 포기하지 않는 사람, 무슨 일이 있더라도 기개를 버리지 않는 사람, 몇 번이고 실패하더라도 웃는 얼굴로 한층 더 강한 의지를 가지고 전진하는 사람들이 당신 주변에는 과연 얼마나 있는가?

'실패'라는 말을 모르는 그랜트 장군처럼 '진다'는 말을 모르는 사람, '불가능'이라는 어휘를 자신의 사전에서 지워버린 사람, 어떤 장애나 난국에도 포기하지 않고 비운과 재난에도 굴하지 않는 사람을 알고 있는가?

만약 알고 있다면 그 사람은 승리자이며, 부는 그 사람의 것이다. 재기가 빠른 것도 위업을 달성한 사람들의 특징이다. 시련이 닥치면 위축되고, 도망치는 등 눈앞의 욕망을 우선으로 생각하는 사람들은 큰일을 할 수 없다.

인생의 기로에서 다시 시간을 되돌리고 싶다는 생각이 떠오를 때를 주의하라. 그때야말로 당신의 인생을 좌우할 중요한 시기가 될 것이다. 역사에 있어 위대한 업적은 모두 압도적 대다수의 사람이 포기한 일을 추진했을 때 달성되었다.

많은 사람이 수많은 숙제를 남긴 채 인생을 보내고 있다. 처음에는 정열과 의욕을 가지고 일에 몰두하지만 끝까지 밀고나갈 기개가 없어 도중에 포기하고 만다.

의욕에 차서 시작하는 것은 너무나 간단한 것이지만 결국 뭔가 장애물에 걸려 넘어지면 그 꿈은 사그라지고 만다.

부를 쟁취할 수 있을지는 끝까지 의지를 관철시킬 수 있는가에 달려 있다. 레이스 초반에는 아무리 속도가 빠르더라도 소용이 없다. 문제는 마지막 순간에 달렸다. 골라인을 넘을 때까지 한눈을 팔지 않는 참을성과 기개가 필요한 것이다.

인간의 여러 가지 미덕 중에 인내심만큼 중요한 것은 없다. 대다수 사람들은 금세 결과가 나올 때는 열심히 노력한다. 하지만 대부분의 사람들이 떠나고 난 다음 자신의 이상을 위해 고군분투하게 됐을 때 요구되는 인내력은 전혀 다른 종류이다. 바로 그때 기개와 열정이 필요하다.

뉴욕의 한 상인이 취업 이력서를 낸 젊은이를 추천하며 그의 장점을 이것저것 열거하는 친구에게 이렇게 물었다.

"그런 장점을 끝까지 유지할 수 있는지가 중요하다. 그것이 그렇게 오래 갈 수 있는 장점인가?"라고.

'그걸 유지할 수 있는가?'는 평생 품어야 할 질문이다. 당신은 자신의 생각을 끝까지 관철시킬 수 있는가? 좌절하더라도 포기하지 않고 끝까지 해낼 수 있는가? 그 어떤 장애가 있더라도 끝까지 관철시킬 기개가 있는가? 만약 가능하다면, 그리고 마음속으로 쟁취하고 싶다고 생각한 것을 향해 한 걸음 한 걸음 신중하게 나아간다면 부는 당신의 것이다.

부가 들어올 장소를 만들어라

"부자가 천국에 가는 것보다 낙타가 바늘구멍을 통과하는 것이 쉽다."

다시 말해 "새로운 것을 받아들이기 위해서는 먼저 낡은 것을 버리지 않으면 안 된다."

이것은 식물이든, 곤충이든, 동물이든, 인간이든 모든 자연을 지배하는 법칙이다.

나무가 작년의 열매, 작년의 잎을 떨어트리지 않고 달고 있다면 다음 해에 열매를 맺고 잎을 피어오르게 하는 가지는 뻗지 못한다. 새가 자신의 낡은 깃털을 고집하며 털갈이를 하지 않는다면 새로운 깃털은 자라나지 않을 것이다.

새 술은 새 부대에 담아야 하듯이, 낡은 것을 버리지 않는다면 새로운 것은 찾아오지 않는다. 이것은 물질에도, 마음에도, 들어맞는다.

나무 열매와 잎, 새의 깃털, 그리고 모든 생명의 성장을 책임지는 법칙은 당신의 정신 성장에도 맞아 떨어진다. 단, 인간의 마음 구조는 이런 것보다 훨씬 복잡하다.

당신이 옷이나 집 등을 보다 새롭고 좋은 것으로 바꾸고 싶다면 쓰지 않는 낡은 것에 대한 집착은 버리는 것이 좋다. 거의 쓰지 않거나 쓸 예정이 없는 것을 버리기 아깝다는 이유만으로 가지고 있다면 보다 더 좋은 것을 받아들이기 힘들다. 열등한 것에 고집하고 있다가는 보다 훌륭한 것을 받아들일 수 없다.

이것은 인간관계에서도 마찬가지다. 뭔가 안건을 내더라도 허투루 듣고 반응이 없는 사람, 얻을 게 하나도 없는 사람과 함께 지내고 있다면 더 우수한 인재가 다가올 수 없다.

마찬가지로 낡은 양복을 버리지 못한 채 아깝다고 남에게도 주지 않고 가지고 있다면, 혹은 조금이라도 돈을 아끼려고 가격을 흥정하는 데 기운을 쏟는다면 새 옷은 절대 입을 수 없다. 낡은 것에 사고의 힘을 빼앗겨 더욱 큰 액수의 돈을 벌 수 있는 계획을 짤 수 없기 때문이다.

한때 사용했던 것 중에 지금은 쓰지 않는 것에 미련을 두고 있다면 새로운 것을 손에 넣기 위한 사고와 마음의 힘을 쏟아 부을 수 없게 된다. 쓰지 않는 낡은 것에 에너지를 빼앗긴다는 것은 부담스러운 것이다.

아무도 어릴 적 옷과 연필 등을 보관하지 않는다. 왜냐하면 현재 자신에게 맞지 않고 쓰지도 못하기 때문이다. 오히려 그 에너지와 시간을 현재 자신의 흥미나 목표와 관련된 곳에 쓰고 싶다고 생각할 것이다.

당장 필요한 것, 즐기고 싶은 것이 아니라면 그것은 방해가 될 뿐만이 아니라 새롭고 보다 나은 것을 얻을 수 없게 한다.

그건 마치 레스토랑에 식사를 하러 가서 전체요리로 배를 채워 기대하던 메인 코스를 맛있게 먹지 못하는 것과 마찬가지다.

성공의 비결 중 하나는 더 이상 필요 없다고 여겨지면 당장 버리는 것이다. 장기적인 안목이 있는 기업은 이익을 창출하지 못하는 자산은 처분해버린다. 그리고 눈앞의 이익에 휘둘리는 기업이 그런 자산을 사들인다. 그 자산은 이후로도 골치만 썩힐 뿐 아무런 이익도 창출하지 못하고, 보다 신속하게 많은 이익을 창출할 수 있는 사업 기회를 빼앗아버린다.

물건을 버리지 못하는 데서 오는 가장 큰 부작용은 그것들을 보존하기 위한 사고 에너지를 빼앗긴다는 점에 있다. 낡은 카펫과 책상을 버리지 못하고 이사할 때마다 가지고 가 고민하게 된다면 아무런 도움도 되지 않는 것에 마음의 에너지를 허비하는 것과 같다. 그 에너지를 현명하게 이용한다면 새 침대와 책상을 얼마든지 살 수 있다. 일단 보관하자, 가지고 가자는 생각이 많은 사람들을 가난하게 하고 있다.

너무 아끼기만 한다면 비즈니스를 성장시키지 못한다. 모든 사람이 벌어들인 돈을 쌓아두고 투자에 인색하다면 세상의 비즈니스는 멈추고 말 것이다. 돈이 금고 속에서 잠자고 있는 것만이 문제가 아니다. 투자를 망설이게 돼 사업 자체가 성립되지 않기 때문이다.

새로운 것을 추구하고, 또 다른 성장을 추구하고, 다 쓰러져가는 집이 아니라 번듯한 빌딩을 짓길 원하기 때문에 노동자도, 기술자도, 혹은 예술가도 일을 얻을 수 있으며 돈이 세상을 돌게 되는 것이다.

투자를 주저하다가는 결국 고통과 고민만이 남게 될 것이다.

수전노는 진정한 성공을 했다고 할 수 없다. 그들은 벌어들인 돈을 다락방에 꼭꼭 감추고 있다. 돈을 벌고 쌓아올리는 것만이 기쁨이라면 이미 돈은 아무 의미가 없다. 수전노는 돈을 써서 몸을 즐겁게 하지도 않고 지적인 취미나 예술로 기쁨을 맛볼 수도 없다. 그들이 손에 넣은 것은 겨우 금속이나 종잇장에 불과하며 아무리 그것을 많이 축적했다고 해도 그들은 결국 가난뱅이일 뿐이다.

"부자가 천국에 가는 것보다 낙타가 바늘구멍을 통과하는 것이 쉽다."고 성서에 적혀 있다. '천국'은 우주의 구체적인 장소를 말하는 것이 아니라 현명하고 강인한 마음이 있는 곳이라면 어디에도 존재한다. '부자'가 천국에 들어가지 못한다는 것은 아무 쓸데도 없는 것을 끌어안고 타인에게도 그것을 쓰지 못하게 했기 때문이다. 그러므로 그는 자기 자신의 인생을 '천국'으로 바꿀 수 없었다.

반면에 이것을 잘 깨닫고 이 세상에서 가장 좋은 것, 즉 인생에 있어 유익하고, 기쁨을 선사하고, 수많은 사람들의 행복에도 공헌하는 것을 끌어들일 공간을 인생 속에 만든 부자는 '천국'에 들어가 살 수 있다.

식물은 당장 필요한 것, 다시 말해 공기, 물, 태양, 그리고 대지의 영양만 섭취한다. 이런 영양소를 필요 이상으로 공급하면 오히려 병들어버리고 만다. 인생의 영양도 쓰지 않고 담아두고만 있다면 아무런 도움도 되지 않는다.

금속의 녹은 좋지 않다고 여긴다. 하지만 실제로는 버리는 것을 아까워하는 마음을 막기 위해 신이 만들어 놓은 것이다. 녹이 슬었다고 해서 물건 자체가 파괴된 것은 아니다. 쓰지 않는 물질은 침식돼 그것이 새로운 형태로 다시 태어나도록 촉진시키고 있다.

예를 들어 지상의 모든 것을 소유했다고 하더라도 당신이 쓸 수 있는 것은, 그 날, 그 달, 그 해에 필요한 공기, 태양, 물, 식량, 힘뿐이다. 다 쓰지 못할 만큼 쌓아둔다면 지구는 멸망해버릴 것이다. 많이 가지고 있다 해도 아무런 도움이 되지 않는 것이다. "아무리 세상을 다 가졌더라도 목숨을 잃으면 무슨 소용이 있는가?"라고 성서에는 적혀 있다. 당신 내면에 잠들어 있는 '자신의 생명'을 진정으로 손에 넣기 위해서는 사고의 힘을 한층 더 집중시켜 필요한 것을 끌어당겨 그것들을 쓰고, 그것들을 즐긴 다음 그것들을 버리고 새로운 것, 보다 좋은 것을 끌어당기지 않으면 안 된다.

낡은 것을 버리고 새로운 것을 맞이해 모든 생명에 공통된 법칙에 따르는 것이 당신의 마음속에 더욱더 큰 힘을 전해줄 것이다. 그리고 완전한 초월을 향해 전진하게 된다.

마음속의 궁전에 살자. 그러면 궁전과 같은 환경이 당신 곁으로 끌려올 것이다. 하지만 궁전이 준비돼 있지 않다면 타인에게 양보하라. 그러지 않으면 궁전은 폐허가 돼버린다. 언제까지나 손에 쥐고 있으려고만 한다면 그것은 당신 마음속의 짐이 된다. 그것들의 처리에 고민하며 재능을 연마하는 데 써야 할 마음의 에너지를 빼앗겨버린다.

당신에게 다섯 가지의 재능이 있든, 열 가지의 재능이 있든 전부를 개발하지 않으면 안 된다. 그렇게 해서 당신의 능력은 완전히 꽃피우게 될 것이다. 재능을 완전히 발휘하는 것이 당신의 재산이 된다. 부를 지향하며 재능을 100퍼센트 활용하고 연마하기 위해 끝없이 자신의 생활을 되돌아보자. 재능의 무거운 짐이 되고 있는 낡은 습관을 벗어버리자. 낡고 처리가 곤란한 마음의 집중력을 미로에 빠져들게 하는 낡은 습관을.

당신의 인생에서 당신의 재능, 당신의 야심, 당신의 능력을 인생의 성공을 향해 집중시키는 데 방해하는 모든 것을 제거하자. 그리고 부를 받아들이기 위한 장소를 만들어주자.

원하는 일에 집중력을 발휘하자

> 당신의 인생에서 실현하고 싶다고 생각한 것은 무엇이든
> 그 목표를 마음에 품고 그것을 실현할 수 있다고 믿는 것이다.

원하는 것을 끌어당기는 최강의 자석, 꿈을 실현시킬 최강의 힘
은 '집중력'이다. 이것은 역사상 위대한 업적들을 이룰 수 있게 한
최대의 요인이다. 모든 분야에 있어 성공의 자석이며 모든 진보의
근본원리였다. 모든 발명, 발견, 인류가 누리는 모든 문명의 이기利
器는 사람이 마음을 한 곳에 집중함으로써 탄생했다. 무엇을 추구하
고, 무엇을 지향하든 마음을 한곳에 집중하고, 노력을 집중함으로써
바라는 것을 얻을 수 있었다.

헝가리의 위대한 작곡가 프란츠 리스트의 젊은 시절, 리스트의
형은 음악에 빠져 있던 동생을 자주 꾸짖었다. 그리고 음악적 재능
은 사람을 망치기만 할 뿐이라며 경멸했다. 하지만 리스트는 음악에
대한 열정을 버리지 않았다. 그는 집안의 심한 반대로 몇 번이고 가
출을 반복했다.

몇 년 뒤 유복한 지주가 된 형은 여전히 음악가를 지향하며 악전 고투하고 있는 동생을 찾아갔다. 동생은 마침 집을 비우고 없어 형은 명함을 두고 돌아갔다. 명함에는 '지주 리스트'라고 적혀 있었다. 그리고 또 다시 몇 년이 흐른 뒤 드디어 음악가로서 성공한 동생이 답례로 형을 찾아갔다. 그리고 '천재 음악가 리스트'라는 명함을 내밀었다.

이 일화는 단순히 웃자고 하는 이야기지만 포인트는 형제 둘 다 생각을 한 곳에 집중해 되고 싶은 사람이 됐다는 데 있다. 다시 말해 형은 유복한 지주가, 동생은 세계적으로 유명한 음악가이자 작곡가가 됐다.

당신이 리스트의 형처럼 사업가로 부자가 되고 싶다면 부에 마음을 집중하면 된다. 세상에는 여기저기서 돈이 모여드는 사람이 있다. 말 그대로 그 사람이 손만 대면 모든 게 돈으로 바뀌는 반면 똑같이 일하고 있는 다른 사람들은 전혀 성공과 인연이 없다. 둘의 차이는 강하고 지속적인 집중력에 있다. 선천적으로 돈 버는 재능을 타고난 사람은 모든 것을 돈의 관점에서 생각한다. 돈에 마음이 집중되어 있어 끊임없이 마음속으로 돈벌이를 시험하고 있다. 자신은 돈을 벌 수 있다, 부자가 될 수 있다고 확신하고 거기에 모든 것을 집중해서 실제로 돈을 만들어낼 수 있는 것이다.

반면에 돈을 원하면서도 돈에 충분히 집중하지 못하는 사람, 돈을 벌 수 있다는 확신이 없는 사람은 성공을 바라면서도 실패만 두려워하고 있는 사람과 마찬가지다. 그런 사람들은 가지고 있는 힘을 여기저기 분산시키고 '무엇이든 하나는 걸리지 않을까?' 하는 기대를 한다.

어쨌거나 우연한 성공은 없다. 위대한 천재들의 명작들도 우연히 완성된 것이 아니다. 모든 성공의 만능열쇠는 집중력이다. 이것은 성공의 기본 원리이다. 집중할 수 없는 사람은 어정쩡하게 끝나 버리거나, 하찮은 일에 만족하거나, 좌절로 끝나고 만다.

프랑스에는 "한가지 일을 끝까지 해내는 사람을 두려워하라"라는 격언이 있다. 다시 말해 한가지 일에 집중하는 사람에게는 상대가 되지 않는다는 것이다. 아무리 세상 사람들이 다 비웃는다 하더라도 그 사람은 반드시 목표를 이룰 것이다.

세계적으로 유명한 구두 메이커의 경영자가 이렇게 말했다. "신발 분야에서 성공하는 것이 내 유일한 목표다. 에너지를 분산되지 않게 절대로 은행 간부직 따위는 맡지 않겠다. 나는 지식이 많지는 않지만 신발 제조에 대해서는 일가견이 있다. 나의 능력, 에너지, 인생의 모든 것을 뛰어난 신발을 만드는 데 다 쏟아 부었다."

"인생에 있어 최대의 지혜는 집중, 최대의 악은 분산이다."라고 에머슨은 말했다. 인생에 좌절하거나, 가난에 허덕이는 원인 중 90 퍼센트는 에너지와 창조력을 분산시켜서, 혹은 마음을 한 곳에 집중시키지 못 해, 그 집중력을 유지할 수 없기 때문이다.

이렇게 집중력이 없는 사람을 나도 알고 있다. 이 사람은 누구보다도 아이디어가 뛰어나고, 누구보다도 멋진 비즈니스를 많이 생각해낸다. 하지만 겨우 생활비 정도의 돈밖에 벌지 못했다. 그의 지력도, 에너지도, 혹은 한가지 아이디어에서 다른 아이디어로 형태를 바꿔 어느 하나 완성으로 이끌 수 없다. 그런 아이디어의 대부분이 실현된다고 해서 도움이 되는 것일까? 언제까지나 구상의 영역을 벗어날 수 없다. 아이디어를 실현하고 제대로 상품화시킬 때까지의 집중력이 없는 것이다. 이런 사람은 셀 수 없이 많다. 낮은 지위에 쥐꼬리만 한 월급에 만족하고 있지만 많은 상식을 알고 있다. 전문 분야가 한 가지라도 있다면 뛰어난 인재가 될 수 있다. 자신에게 아무리 많은 재능이 있더라도 그 능력을 분산시켜서는 안 된다. 경험이라는 귀중한 재산을 허비하면서까지 여러 가지 직업을 전전해서는 안 된다. 가치 있는 성공을 하기 위해서는 여기저기 한눈을 팔지 말고 모든 에너지를 한 곳에 집중시켜야 한다. 힘을 여기저기 분산해도 될 만큼 능력이 뛰어난 사람은 없다. 이것을 빨리 깨달으면 깨달을수록 두각을 나타낼 인물이 될 가능성은 높아진다.

콜맨 듀퐁이라는 사람도 한 우물만 판 사람 중의 한 사람이다. 그는 실적이 떨어진 듀퐁 화약사의 경영자로 초청돼 순식간에 흐름을 반전시키고 회사를 성공으로 이끌었다. 인터뷰에서 그 비결에 대해 듀퐁은 이렇게 대답했다. "화약에 대해 이야기하고, 화약을 생각하고, 화약을 꿈꿨다. 오직 화약에 대해서만 생각했다."

어떤 업종, 어떤 일이든 듀퐁의 방식을 모방한다면 성공과 부는 틀림없이 쟁취할 수 있다. 당신이 바라는 것을 생각하고, 말하고, 호흡하고, 꿈을 꾸고, 행동으로 옮기고, 온몸으로 발산하라. 그 이미지를 연상하며 이미 그것은 자신의 것이라고 믿어라. 세상에서 조금이라도 가치가 있는 것을 얻기 위해서는 이것이 유일한 방법이다.

사고가 가진 경이로운 힘, 집중력이 만들어내는 창조력, 연상의 자력을 깨달을 수만 있다면 우리는 많은 것을 이룰 수 있다. 그러고 나서 처음으로 바라는 것을 끌어당기는 자력이 마음에 자리 잡게 되는 것이다. 명확하고 긍정적인 사고를 한 곳에 집중했을 때, 얼마나 구심력을 가지게 되는지, 그 증거를 여기저기서 목격할 수 있다.

부를 실현하기 위해서는 부에 집중하지 않으면 안 된다. 부자답게 행동하지 않으면 안 된다. 부를 추구하는 것만으로는 부족하다. 부를 쟁취할 수 있다고 믿고, 이미 부를 쟁취했다고 믿어라. 그러고 나서 부를 기대해야 한다.

당신의 인생에서 실현하고 싶다고 생각한 것은 무엇이든 그 목표를 마음에 품고 그것을 실현할 수 있다고 믿는 것이다.

부의 비전을 끊임없이 연상하지 않으면 부자는 될 수 없다. 다른 일만 생각하는 사람, 혹은 '정말 부자가 될 수 있을까?' 하는 의혹으로 가득한 마음을 지닌 사람이 노력만 하면 부자가 될 수 있다는 잘못된 생각을 버려야 한다. 사고의 집중, 기대, 신념이라는 문을 통하지 않는다면 인생에서 아무것도 이룰 수 없다.

생각대로 출세를 하지 못했다고 한탄만 하는 건 당신의 어딘가가 잘못됐기 때문이다.

물질적인 면에서의 노력과 정신적인 면은 일치하지 않는다. 당신의 발길을 뭔가가 방해하고 있다. 스스로 자신이 나아갈 앞길에 걸림돌을 놓고 있다. 당신은 사고를 통해 앞으로 나가고 있지 않다. 자신을 가지고, 집중함으로써 목표 달성을 향한 흐름을 타지 못하고 있다. 원래는 목표 달성으로 인도해줄 힘이 있지만 절망, 의혹, 동요만 생기면 한눈을 팔며 여기서 조금, 저기서 조금씩 에너지를 분산시켜 스스로를 방해하고 있는 것이다.

말은 눈가리개를 하지 않으면 여기저기 한눈을 팔며 제 속도를 내지 못한다고 한다. 마찬가지로 수많은 사람이 일정한 틀 안에서 한곳에 에너지를 집중시키지 못하고 있기 때문에 파멸을 초래하고 만다.

한 가지밖에 생각하지 못한다는 소리를 듣는 걸 두려워하지 마라. 세계를 움직인 위인들은 모두 다 그런 사람들이었다.

집중력이 없는 천재는 비록 재능은 없지만 집중력이 강한 사람만큼 업적을 남기지 못한다.

몸 구석구석까지 목적의식이 각인된 사람들, 가지고 있는 에너지를 한 곳에 집중할 수 있는 사람들이야 말로 태양광선이 렌즈를 통해 한 곳에 집중돼 불타오르듯 부자의 길로 갈 수 있는 것이다.

능력에 한계란 없다

자신에게 자신이 없거나 의혹을 품고 있을 때 우리의 능력은 수축되고 만다.

한 유명한 비즈니스맨이 지금까지 최고의 계약은 성사되지 않은 계약이라고 말했다. 왜냐하면, 그때마다 원인을 생각하고 스스로 반성한 다음, 자신의 결점과 일 처리 방법의 문제점을 파악할 수 있기 때문이라고 한다.

대부분의 사람은 자신의 능력을 착각함으로써 성공과 행운을 쫓아내고 있다. 그 한 예가 한 법률사무소에서 근무하는 젊은 비서의 이야기다. 그녀는 "내가 전문 분야에서 역량을 발휘할 수 있는 능력이 있다면 야간대학에서 학력을 쌓고 모든 방법을 동원해서 능력을 연마했을 텐데……"라고 말했다. 자신은 능력이 없기 때문에 허사다, 지금 하는 일에 만족할 수밖에 없다고 생각하고 있었다. 사람의 능력이란 처음부터 정해져 있어 커지지도 작아지지도 않는다고 여기고 머리카락이나 눈 색깔을 바꿀 수 없는 것과 마찬가지로 바꿀 수 없다고 믿고 있었다.

인간의 능력은 유전적으로, 혹은 사람이 알 수 없는 불변의 법칙에 의해 정해져 있어 바꿀 수 없다고 생각하는 것은 인간이 품을 수 있는 가장 불행한 생각이다. 또한 이만큼 진실과 동떨어진 생각도 없다. 실제로는 인간의 능력은 아주 유연해서 여러 가지 방법을 써서 거의 무한대로 늘이고 줄일 수 있다. 마치 아코디언처럼 쫙 폈다가 완전히 접어버릴 수도 있다. 야심이라는 아코디언을 잘못된 생각으로 접어버리고 능력의 아주 일부분밖에 쓰지 못하게도 하고, 바른 사고로 주름통을 활짝 펴서 일과 인생에서 성공을 위해 활용할 수도 있다.

수많은 사람이 본래의 능력을 부정적이고 파괴적인 마음, 시기심, 공포, 불안, 선입견, 미신, 나약함으로 봉인한 채 인생을 허비하고 있다. 그리고 자신의 삶 속에서 자기 능력의 극히 일부분밖에 쓰지 못한다.

소유하고 있는 땅에 금맥이 묻혀 있지만 채굴을 방해하는 장애 요소를 제거하기는커녕 오히려 늘리면 소용없는 것과 마찬가지로 행운의 금맥도 스스로의 한계를 인정하는 순간 이미 당신 것이 아니다. 잠재적으로는 막대한 재산을 가지고 있지만 채굴하지 못하는 금맥은 아무런 가치도 없으며 바라는 것과 교환할 수도 없기 때문에 이 재산은 존재하지 않는 것과 같다.

자신의 능력에 온갖 마음의 벽으로 막아버린다면 능력은 결코 성장하지 않고 아무것도 창출할 수 없다.

사람들 대부분은 '저 사람만큼 재능과 기회만 있다면, 저 사람처럼 장점이 있다면, 나에게 그 일에 필요한 재능만 있다면 바라는 일을 이룰 수 있을 텐데' 라고 생각한다. 사실은 모든 면에서 보더라도 우리는 자신에게 어울리는 일을 처리하기 위한 도구를 처음부터 가지고 태어났다. 하지만 조물주는 그런 도구를 연마해주지는 않는다. 왜냐하면 우리의 성장 기회를 열어두어야 하기 때문이다. 우리에게는 여러 가지 결함이 있는 것처럼 보인다. 하지만 하루하루의 곤경을 뛰어넘고, 성장을 방해하고 있는 마음의 응어리를 제거하고, 추구해서 얻을 수 있는 이상을 향해 발돋움한다면 한 걸음 한 걸음 감춰진 풍성한 능력이 분출될 것이다.

헬렌 켈러는 강한 의지로 수많은 장애를 뛰어넘어 인간의 능력을 최대한 끌어낸 훌륭한 실례일 것이다. 한 살 반에 시각, 청각, 언어 장애를 떠안게 된 인간에게 과연 세상에 도움이 될 수 있는 일을 할 기회가 주어질 수 있을까? 그런데 그런 암흑의 세상에서 내면에 감춰진 불굴의 정신이 상상을 초월한 능력과 힘을 가진 인간을 창조해냈다. 단편적으로 봤을 때 너무나 절망적인 장애를 입은 것처럼 보인 이 여성보다 더 인류에 봉사하고, 용기를 불어넣은 사람은 없다고 해도 과언이 아니다. 인간의 성장에 한계가 없으며 자신이 만들어낸 것 이외에 뛰어넘지 못할 장애가 없다는 것을 헬렌 켈러는 증명해 보였다.

독을 피하듯이 당신의 부정적인 마음을 피하라. 불안, 시기, 두려움 등 마음을 어둡게 하고, 풀이 죽게 하는 사고는 당신의 능력을 파괴해버린다. 절망과 시기심, 공포심 등은 모두 당신의 능력에 족쇄를 채워버린다.

심혈을 기울여 작품에 몰두한 예술가가 어느 날 이런 말을 했다. "나는 질이 떨어지는 작품은 보지 않는다. 왜냐하면 잘못된 예술적 이상에 눈이 익숙해져 나도 모르게 내 작품에 영향을 끼칠 수 있기 때문이다."

다시 말해 인간의 능력은 그 순간의 기분과 전반적인 정신 상태에 민감한 반응을 한다는 것이다. 기분이 내키지 않을 때, 마음이 언짢을 때, 기운이 없을 때, 불안과 초조함에 빠져 있을 때 우리의 능력은 순식간에 떨어져버린다. 반대로 기분이 좋고, 마음이 평안하고 아무런 걱정이 없다면 우리의 능력은 순식간에 높아진다.

활기차고 자신이 있을 때는 뭔가를 계획하고 실행해도 잘 풀린다. 우리는 경험을 통해 뭐든 할 수 있다고 생각했을 때 자신의 능력을 실감할 수 있다는 것을 알고 있다. 틀림없이 동요 없는 신념 아래서는 감춰진 능력이 단숨에 발휘된다. 따라서 그런 심리 상태를 항상 유지할 수 있도록 한다면 당신의 능력은 언제나 활짝 펼쳐진 상태를 유지할 것이다.

반면에 자신에게 자신이 없거나 의혹을 품고 있을 때 우리의 능력은 수축되고 만다. 자신을 나쁘게 말하거나 주어진 사명을 받아들이려 하지 않고 자신을 꾸짖고, 자신의 능력을 과소평가한다면 아무리 당신의 능력이 미켈란젤로나 카네기, 셰익스피어, 베토벤, 퀴리부인, 올콧에 필적할 만한 것이라 할지라도 아무것도 이루지 못 할 것이다.

　자신의 한계를 정해버리는 마음이야말로 인간의 그 어떤 결함보다도 본래 가지고 있는 능력을 위축시키고, 장점을 발휘하지 못 하게 하는 요인이다. 그리고 바로 이러한 점 때문에 배려심이 깊고, 훌륭한 인품을 지닌 수많은 사람이 평생 날개를 펼치지도 못한 채 인생이 끝나버리고 만다. 소심함, 열등감과 같은 자기 자신에 대한 불신감이 원인이다. 그러는 사이 당신 능력의 반도 되지 않는 사람들이 이름을 날리고, 부를 축적하고, 권력을 손에 쥐게 된다.

　사람은 누구나 자신이 생각한 것 이상의 능력, 지금까지 발휘한 능력 이상을 가지고 있다. 예를 들어 자신의 능력 이상의 일을 떠안게 됐거나, 이판사판의 상황에 몰리고, 강한 동기가 주어졌을 때, 그에 응해 지금까지 꿈도 꾸지 못했던 엄청난 힘을 발휘하게 된다.

　인간의 선천적 능력을 50퍼센트 끌어올리는 장치가 발명된다면 억만금을 주더라도 그 장치를 손에 넣고 싶어 할 것이다. 하지만 올바른 사고를 실천하기만 한다면, 다시 말해 인생을 올바른 자세로 바라보고 주어진 기회를 살린다면 그 장치를 손에 넣은 것과 다름없다.

　그 어떤 역경에 처해 있더라도, 어떤 장애를 떠안고 있더라도, 당신에게는 이미 목적을 달성할 능력, 가난에서 벗어나 억만장자가 될 능력이 충분히 갖춰져 있다. 야심이라는 아코디언을 활짝 펼치기 위해 가능한 모든 일을 하라. 그러면 얼마나 많은 일을 달성할 수 있는지 깜짝 놀랄 것이다.

지금 당장 시작하자

자신은 인생의 승리자가 될 수 있다고 믿자. 자신의 마음은 스스로 결정하자.

줄곧 꿈꿔왔던 것을 당신은 언제 시작할 것인가? 무얼 기다리고 있는가? 왜 손을 대지 못하는 것인가? 혹시 꿈이 당신을 찾아올 것이라고 믿고 있는 건 아닌가? 아니면 누군가 대신 당신의 꿈을 이뤄 줄 사람을 기다리고 있는 것인가?

그 어떤 것보다 인생을 무기력하게 하고, 용기를 잃게 하는 것?, 그것은 꿈을 실현하기 위해 노력하지 않고 그저 장밋빛 미래를 몽상하는 것이다. 노력도 하지 않고 기대만 품는 것이 당신의 정신을 타락시키고 진취적인 기상을 파괴시켜버린다.

비전은 인생의 설계도다. 그것을 실현하기 위해 끈기 있게 노력하지 않으면 설계도는 어디까지나 설계도일 뿐이다. 건축가의 손에 의해 실현되지 않는 한 건축가의 기획은 그저 그림으로 끝나는 것과 마찬가지다.

꿈을 실현하기 위해서는 세 가지 조건이 필요하다.

· 꿈을 이미지로 연상하라.

· 비전에 집중하라.

· 비전을 실현하도록 노력하라.

이 세 가지를 실현하는 것은 물질이 아니라 정신이다. 태생이 어떻든, 재산이 얼마나 있든 간에, 인생이라는 실체를 조형하는 힘은 단 한 가지. '마음'이다.

위업을 달성한 사람들은 모두 꿈을 꾸는 사람들이었다. 이상에 대한 그들의 이미지가 선명하고, 강력하고, 지속적인 것일수록 그들의 업적은 위업이 된다.

나는 올바르게 행동하고 있는가? 주어진 기회를 최대한으로 살리고 있는가? 항상 위를 지향하고 있는가? 아니면 아래를 향해 추락하고 있는가? 이것을 끝없이 자문하는 것이 중요하다.

연방 대법관 올리버 웬들 홈스는 지금 어디 서 있는지보다 어디를 향하고 있는가가 중요하다고 말했다.

당신은 지금 어디를 향하고 있는가?

지금 이 순간에도 아무데도 향하지 않고 그저 기다리기만 하는 사람이 수도 없이 많다. 멋진 꿈을 품고, 꿈을 실현하고자 하는 의욕도 있지만 부정적인 마음의 방해를 받아 시작조차 하지 못하고 있다. 부정이라는 괴물이 의지의 대문 앞에 버티고 서 있어 출발조차 하지 못하고 있다. 등 뒤에서 다리가 불타고 도로가 끊기는 것이 두려워 목적지에 발을 깊숙이 넣지 못하고 있다.

자신은 인생의 승리자가 될 수 있다고 믿자. 자신의 마음은 스스로 결정하자. 유해한 감정의 노예가 되지 않겠다고 맹세하자. 그 어떤 역경이 도사리고 있다 할지라도 현명하게 길을 고르며 목표 실현에 도움이 된다면 방향 전환도 마다하지 않겠다고 맹세하자.

부정적인 마음으로 인해 노력을 포기해서는 안 된다. 부정적인 마음의 노예가 돼서 소인배가 돼서는 안 된다. 당신의 마음에 위대한 거인이 잠들어 있음을 깨닫고 옳다고 생각한 것을 중간에 포기해서는 안 된다.

신뢰, 자신, 신념들은 반란분자인 '부정적인 마음'을 몰아내는 위대한 지원군이다.

당신의 내면에는 억제할 수 없는 충동이 있다. 양심에 비춰 옳다고 판단되는 위대한 야심이 당신을 열정적으로 만들어준다. 그런 열정이 꿈을 실현할 노력을 당장이라도 착수할 수 있다는 증거이다.

책임이 전가될 것을 두려워해서는 안 된다. 자신이 남보다 잘할 수 있다고 믿는 정당한 신념을 추구하기 위해 마음을 굳게 먹고 모든 책임을 떠안자. 책임에서 벗어나려고 지금은 때가 아니라고 생각하는 것은 엄청난 착각이다. 주어진 책임을 받아들임으로써 마음의 준비가 가능해진다.

아직 때가 아니다, 마음의 준비가 되지 않았다 하더라도 이렇게 하는 것이 최상이다, 이렇게 목표에 다가갈 수 있다고 생각하는 방향을 결정하고 적극적으로 나서야 당신의 인간적 성장의 돌파구가 있다.

자신에게는 위대한 업적을 이룰 수 있는 능력이 있다는 믿음을 외면해서는 안 된다. 자신은 그럴 수 있고, 그렇게 되겠다고 입 밖으로 선언하라. 그러면 예상치 못한 힘이 솟아 당신을 도와줄 것이다.

그것이 정당한 꿈, 보다 위대하고 완성된 인생으로 이어지는 것이라면 당신 자신 외에 그 누구도 목표 달성으로 통하는 문을 닫을 수 없다.

신은 우리에게 "나는 너희들 앞에 문을 활짝 열어 놓았다. 그 누구도 이 문을 닫을 수 없다."고 약속했다. 이 위대한 약속을 무용지물로 만드는 것은 역경도, 시련도, 지상의 모든 권력도 아니다. 그것은 바로 당신 자신이다.

우리의 내면에는 어떤 인물이든 될 수 있는 힘이 넘쳐흐른다. 인생에서 무엇을 이룩할지는 외적인 조건에 의한 것이 아니라 우리의 내면에 잠들어 있는 힘을 얼마나 많이 활용할 수 있는지에 달렸다. 우리의 마음속에서 들끓는 소망과 영혼으로부터의 동경은 상상력이 만들어낸 환상이 아니다. 그런 소망의 힘은 우리를 골탕 먹이기 위한 것이 아니라 미래의 꿈을 실제로 실현하는 것을 예언, 예고, 전조하고 있는 것이다.

우리의 뇌에 이런 지령이 심어져 있으므로 그것을 실행할 능력은 분명히 갖춰져 있다.

이미지를 연상하라. 되고 싶은 인물상의 이미지를 끈기 있게 연상하라. 자신의 이상에서 한눈팔지 말고 마음과 손, 뇌를 써서 시들지 않는 신념과 흔들림 없는 결의를 가지고 천재와 같은 인내력을 가져라. 끝까지 마음을 놓지 마라. 전진하고 있다면 반드시 당신의 이상에 다가갈 수 있다.

낙담하더라도 포기하지 말고, 벽에 부딪히더라도 이상을 잃어서는 안 된다. 이상을 끝없이 연상하고, 되고 싶은 자신이 된 자신을 계속 떠올리자. 그런 마음가짐이 꿈을 현실로 만들고, 현실과 이상을 확실하게 이어줄 것이다.

이런 무적의 사고가 바라는 것을 끌어당기는 자력을 만들어낸다. 따라서 지금 당장 시작하자.

옮긴이 박별

전문번역가, 아카시에이전트 대표.

역서로는 「부의 복음」, 「철강왕 카네기 자서전」,

「인간의 조건」, 「인간의 운명」, 외 다수가 있다.

아무도 가르쳐주지 않는 부의 비밀

2015년 3월 20일 1판 1쇄 인쇄
2017년 5월 10일 1판 7쇄 발행
2020년 9월 05일 2판 5쇄 발행

2021년 04월 05일 개정 1판 1쇄 펴냄

지은이 ㅣ 오리슨 s. 마든
옮긴이 ㅣ 박 별
기   획 ㅣ 김민호
발행인 ㅣ 김정재

펴낸곳 ㅣ 나래북 · 예림북
등록 ㅣ 제 2016-000021호
주소 ㅣ 경기도 고양시 덕양구 지도로 92번길 55. 다동 201호
전화 ㅣ (031) 914-6147
팩스 ㅣ (031) 914-6148
이메일 ㅣ naraeyearim@naver.com

ISBN 978 –89 –94134 –50 –5 03320